La Bourse 2.0

Cette épargne dont on ne vous parle pas

Maxime Michaud

18-20 Rue du Sabot – A131 – 59800 Lille, France.
ISBN : 9798479816086

Sommaire

Avertissement avant la lecture 3

Préambule 4

Chapitre introductif 8

Chapitre 1 : Comprendre la Bourse 11
Chapitre 2 : Exposition, diversification et risque 18
Chapitre 3 : Stratégies, allocations et rendements 26
Chapitre 4 : Déclaration, imposition et optimisation 36
Chapitre 5 : Les intérêts composés 42
Chapitre 6 : Problématiques 45

Chapitre d'introduction à la seconde partie : 49

Chapitre 7 : La Bourse 2.0 50
Chapitre 8 : L'hyper diversification 55
Chapitre 9 : Simplification 61
Chapitre 10 : Formation, information et mise en situation 67
Chapitre 11 : Les nouveaux risques 76
Chapitre 12 : Revue des intérêts composés 79

Chapitre de clôture : 87

Avertissement après la lecture 90

€€

Avertissement avant la lecture

A l'attention de chaque lecteur et de chaque lectrice :

A vous qui me lisez, je tiens en premier lieu à vous informer des relations particulières qui nous relient à travers cet écrit, et cela à cause du sujet de ce modeste livre : l'investissement et les finances.

En effet, <u>je ne suis pas, et en aucun cas, un conseiller financier, un expert des marchés ou la représentation d'un encouragement déraisonné à l'investissement quel qu'il soit</u> [1]. Vous le savez sans nul doute, mais <u>l'investissement de vos capitaux, qu'ils soient en banque ou en Bourse, présente des risques</u>. Et s'il est vrai qu'une épargne bancaire, des plus commune, ne saurait vous assurer à 100% une bonne protection de vos capitaux, il est aussi vrai que le <u>risque associé aux actifs boursiers</u> n'est certainement pas le même. Il est plus visible, plus sensible et plus virulent encore.

Ainsi, j'espère par ces écrits vous offrir l'opportunité d'une introduction à ce domaine parfois si prisé par la défiance et la méfiance, une introduction sans prétention aux attraits les plus marqués du marché des actifs financiers. Puissent ces écrits interroger votre curiosité et ouvrir en vous les voies d'une nouvelle conscience financière, ou simplement d'un regard nouveau sur les rouages mystiques de la Bourse.

En opposition, ce que je n'espère pas et ne souhaite pas, c'est de déclencher en vous la pensée naïve de croire que la Bourse est un outil du plus abordable, ne nécessitant pas toute la capacité de travail et de discernement nécessaire à un bon investissement. Vous le verrez dans ce livre, si la « Bourse 2.0 » semble des plus accessibles, la technique boursière n'en est pas pour autant acquise.

Il ne me reste donc qu'à vous souhaiter de ne pas prendre ces écrits pour une vérité absolue, et de toujours faire preuve de patience, de discernement et de <u>responsabilité face à vos investissements</u>. Sur ces conseils amicaux, je vous laisse à une lecture qui, je l'espère, vous sera des plus agréables.

Maxime.

---

[1] *Cela indique que je ne serai, en aucun cas, tenu pour responsable de la perte de tout ou partie de vos actifs financiers. Pour plus d'informations : www.amf-france.org*

Préambule

Lorsque je me suis lancé dans la recherche de contenu sur **la Bourse** et l'investissement, j'ai pu assez rapidement me heurter à des contenus très techniques, très statistiques, trop élaborés ou bien trop peu représentatifs de ma modeste condition. En effet, si la Bourse est un milieu opaque, loin de la quasi-inexistante éducation financière que nous pouvons recevoir, il existe aujourd'hui bien des moyens et des outils pour approcher cette discipline financière trop peu connue.

La complexité des schémas mathématiques et informatiques, autant que commerciaux et internationaux, qui régissent les places boursières nous plonge d'abord dans un épais **brouillard systémique,** qui ne semble laisser naviguer que peu de connaisseurs. Il est vrai que comprendre la Bourse dans sa technicité la plus élaborée, afin d'en exploiter ses pleines ressources par des mouvements de capitaux quotidiens, relève d'un certain standing. Il reste que la Bourse dans sa globalité n'est pas une masse uniforme ne présentant qu'un schéma d'exploitation, une entrée, une sortie et toujours la même rengaine. Non. La Bourse est un univers à part entier de notre modèle économique. Tout comme il existe une multitude de business modèle pour lancer une entreprise, il existe une multitude de façons d'exploiter la Bourse.

Prenons l'exemple du **trading**. Je pense que ce mot vous est familier, et qu'il ne vous inspire pas la plus grande des confiances. Le trading me direz-vous, c'est l'action d'ouvrir une position sur un **actif**, prendre un pari à la hausse ou à la baisse sur le prix de ce dernier, et espérer gagner son pari sous peine d'une perte financière. Le trading, me direz-vous encore, est un sport dangereux ou 85% à 90% des joueurs perdent. Le trading, me direz-vous enfin, est réservé aux riches et aux geeks qui passent la journée devant un écran à exécuter des ordres de **marché**.

Eh bien moi, je vous dirai que le trading ne veut rien dire. Je vous dirai encore que vous avez tort autant que raison. Je vous dirai enfin que le trading, si souffrant de son image mystique, c'est en réalité l'action de « **trader** » des actifs, je vous dirai que c'est le principe de la Bourse.

Ce que je veux vous montrer ici, c'est un premier exemple de la technicité et de la méconnaissance associées au monde de la Bourse. Recherchez des informations sur le trading, vous tomberez sûrement sur du trading FX, day trading, scalp trading, trading en 4H, future trading, 1:30 trading, 1:200 trading…

En réalité, ces notions techniques et peu abordables sont celles du **CFD**. Le CFD pour « **contract for difference** », traduit littéralement « **contrat sur la différence** ». Lorsque l'on parle de miser sur la hausse ou la baisse d'un actif, avec des effets de levier importants, et fort souvent à très court terme, c'est en réalité du trading CFD dont on parle.

Voici la première distinction sur laquelle repose ce livre, la distinction entre le « trading CFD » et le « trading **invest** ». L'un se joue sur la différence du prix à l'achat et à la revente, qu'il soit à la hausse ou à la baisse (CFD). L'autre se base sur le fait d'acquérir des titres boursiers, des **actions**, qui évolueront dans le temps (invest). Le CFD n'est pas l'achat d'une part d'entreprise, c'est l'achat d'une **fluctuation de valeur**. L'invest quant à lui est bien l'achat de **parts d'entreprises**, dont la valeur peu baisser, mais ne sera jamais négative. En effet, comprenez qu'un trader CFD peut, le cas échéant, contracter de la **dette** envers le marché. Le trader investisseur, quant à lui, peut voir la valeur de son investissement de départ **diminuer**, mais n'aura jamais de dette.

Ainsi, ce livre porte sur l'investissement en Bourse, et non sur l'achat de valeurs à **volatilités** renforcées. Sa vision s'inscrit dans celle d'un investissement **long terme**, compatible avec une stratégie **d'épargne**. Nous aurons tout de même l'occasion un peu plus tard d'aborder différentes stratégies, ayant différentes temporalités. Oubliez donc toutes vos idées stéréotypées du trading, et voyez plutôt la Bourse comme une interface **commerciale** des plus classiques, au sein de laquelle vos **devises** sont échangées contre des actifs réels.

€€

Laissons de côté la technicité opaque, le calcul savant, le **risque** accru et la statistique à outrance, pour nous pencher sur la stratégie boursière commune et compréhensible. Pour vous illustrer mon propos, voici une courte mise en situation :

- En 2008, la **crise** fait chuter l'économie mondiale de plus de 10%. Imaginez que cette année représente un actif que l'on appellera **EM** pour « économie mondiale ».
- Imaginez maintenant que l'année 2008 représente la journée d'un trader CFD. Le trader se lève en début de journée, et prend une **position** à la hausse sur l'actif EM.
- En fin de journée, le trader CFD a perdu plus de 10% de son capital, voir beaucoup plus s'il a utilisé un **effet de levier** pour multiplier ses gains.

- De 2000 à 2020, l'actif EM augmente au total de plus de 90%.
- Imaginez maintenant que ces 20 années représentent l'année d'un trader invest. En début d'année, le trader invest achète l'actif EM et le laisse en épargne.
- A la fin de l'année, même avec la perte de 2008, le trader invest a presque **doublé** son capital épargné !

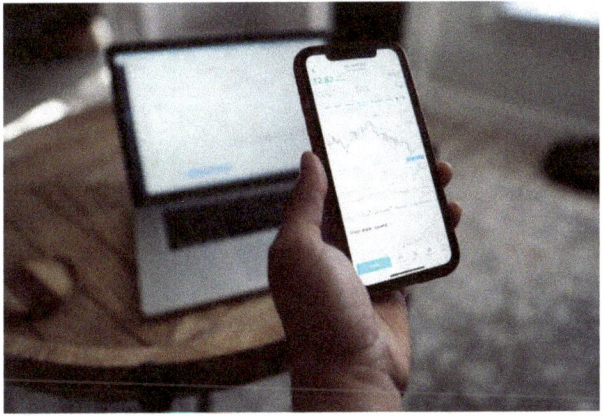

Ce que je souhaite montrer ici, c'est que le risque pris par le trader CFD est **proportionnel à son gain** en quelque sorte. Plus il prend de risques et plus il peut gagner. Mais plus il risque aussi de perdre. Dans ce cas, les **émotions** du trader sont constamment mises à rude épreuve.

A l'inverse, le trader invest sait que l'économie mondiale augmentera toujours et se satisfait de **plus-values** en cohérence avec le comportement long terme du marché. Il ne cherche pas le gain rapide, mais bien à faire fructifier son épargne sans se faire violence.

Ce livre s'adresse donc au trader invest, celui que tout travailleur, acteur de la classe moyenne ou aisée, peut devenir de façon rationnelle et contrôlée. Ce livre va tenter de vous montrer comment la **Bourse 2.0** est capable de révolutionner votre capacité d'épargne, sans tomber dans la démesure du pari des CFD.

Chapitre introductif
€€€

La Bourse est un « sport de riches », un luxe arboré par les plus aisés, loin des moyens financiers du foyer français moyen.

Oui, la Bourse est un sport de riches, relativement du moins, pour ceux qui n'en connaissent pas ou plus les multiples réalités. A l'heure du « **Internet of things** », et des plateformes libres d'utilisation et auto-financés, comme YouTube, la Bourse ne fait pas exception.

Il y a une ou deux générations, investir en Bourse demandait d'entamer une lourde démarche, qui plus est onéreuse. Pour investir en Bourse, et donc acheter des parts d'entreprises, il vous faut trouver un **courtier**. Un courtier c'est une personne ou un établissement, détenant une licence professionnelle, qui vous permettra d'entrer sur le marché et d'y exécuter des ordres d'achat et de vente. Si vos parents ou grands-parents détiennent des actions, il est fort probable qu'ils détiennent un **Compte Titre** ou un **Plan Epargne Action** au sein d'un établissement institué, comme le service de leur banque ou encore un courtier français renommé. Dans ce cas, les frais de tenue de compte, les frais professionnels et de transferts, ainsi que les commissions, feront sûrement partie de l'investissement…

Aujourd'hui, la Bourse se modernise et se démocratise, à l'image du système qu'elle dessert. Les techniques et places d'investissements se multiplient et tendent à se rendre plus **accessibles**. Néanmoins, l'essence de la place boursière, son rôle, n'en est pas fort changé. Dans un monde où le numérique prolifère, il est possible au plus grand nombre d'accéder à des activités commerciales en ligne. Pour autant, les réseaux sociaux ou Google ne vous apprendront pas à investir en Bourse. Ils vous y aideront fortement, mais l'éducation financière et numérique qui en découle ne s'exposera pas à vous de façon naturelle. Pourtant, si aujourd'hui certains voient sur leurs réseaux des publicités en lien avec le marché et la Bourse, comment se fait-il que d'autres non ? La Bourse est un domaine financier comme un autre, seulement ce que nous pensons être inaccessible, n'est parfois que caché derrière le « **flux normal d'informations** ».

Ce que vous ne voyez pas, vous ne le considérerez pas, et pire encore vous pourriez ne pas y croire.

La Bourse 2.0 ne se cache pas de vous, c'est vous-même qui vous en cachez.

Laissez alors ce livre vous exposer une nouvelle vision de la Bourse du 21ème siècle, une vision proche de vos capacités et proche de vos smartphones.

€€€

« Patience ! patience ! un temps n'est peut-être pas si loin où les manants ne couperont aux nobles ni les jarrets ni les oreilles, mais la tête et la bourse. »

(George Sand)

€€€

PARTIE I – LES REGLES DU JEU

€€€

Chapitre 1 : Comprendre la Bourse

Pour commencer au commencement, je vous propose la définition Wikipédia de la Bourse :

« Une bourse, au sens économique et financier, est une institution, privée ou publique, qui permet de découvrir et d'afficher le prix d'actifs standardisés et d'en faciliter les échanges dans des conditions de sécurité satisfaisante pour l'acheteur et le vendeur. »

A partir de cette définition, nous allons identifier les caractéristiques de la Bourse et tenter de les comprendre un peu mieux, afin que chacun puisse détenir les connaissances de base nécessaires à la suite de la lecture.

Premièrement, la Bourse est définie dans le cadre « **économique et financier** » nous dit-on. Nous pouvons alors faire une distinction entre l'économie et la finance. De manière littérale, l'économie va être ce qui définit la production, la consommation, les échanges et le commerce. La finance quant à elle sert à la gestion, l'organisation et l'optimisation des fonds.

Autrement dit, l'économie c'est ce qui régit la Bourse, et la finance c'est votre investissement. C'est tout du moins grossièrement comme cela que l'on peut voir les choses. Ici d'ailleurs, la finance relève de la finance personnelle, c'est votre propre gestion de **capitaux privés et personnels**. Ainsi, la finance est partie prenante de l'économie. Vos finances s'inscrivent dans votre système « **micro-économique** » personnel, et qui ajoutées bout à bout, constituent une partie non-négligeable de la branche financière d'une « **macro-économie** » globale. On constatera alors que les finances influent sur l'économie, du fait qu'elles cherchent à l'optimiser et à la maximiser. De même, par réciprocité, les stratégies financières seront adaptées au climat économique en vigueur. Les stratégies financières ne se constituent que face au constat de l'état économique valable pour la période étudiée.

Il apparaît être impossible de décorréler économie et finance. On remarquera par ailleurs la présence de la conjonction « et » au sein de la définition (« au sens économique **et** financier »), qui montre bien que l'un n'exclut pas l'autre.

€€

On nous dit ensuite : « est une institution, privée ou publique ».

Tout d'abord, comme nous avons pu le voir précédemment, la Bourse est un outil **institutionnalisé**. C'est un milieu **centralisé** et professionnel qui est régulé, légiféré. Ainsi, la Bourse joue un rôle social institutif, c'est-à-dire d'être instituante et instituée.

La Bourse est instituante, au sens où elle détient un **pouvoir** économique et financier à part entière, le pouvoir d'accéder aux marchés et de les modifier. Ce pouvoir instituant peut être notamment traduit par le pouvoir de **courtage**.

La Bourse est instituée, au sens où elle possède un rôle systémique et moral. Elle représente une **autorité** légitime. La Bourse est instituée à la fois de manière pratique et **traditionnelle**. Elle possède un rôle essentiel et répond à un besoin, ce qui la légitime. Mais, elle est de plus instituée par les codes socio-économiques capitalistes, qui en font un lieu de pouvoir et d'un relatif prestige.

La Bourse est privée ou publique. En effet, la privatisation d'une bourse[1] est un phénomène qui rend cette institution détachée de l'**Etat**. Des acteurs privés en sont les principaux propriétaires et décideurs. A l'inverse, une bourse publique, bien qu'ayant le même rôle, sera majoritairement sous contrôle de l'Etat, par détention directe ou indirecte. En effet, l'Etat peut détenir de façon directe les **fonds propriétaires** d'une bourse. Il peut aussi détenir, de façon indirecte, la majorité des actions au sein des entreprises qui possèdent les fonds propriétaires d'une bourse.

Savoir si la bourse que nous utilisons est publique ou privée fera peu de différence pour un usage courant. Néanmoins, ce choix peut s'inscrire dans une stratégie d'assurance en cas de climat critique. Certains pourraient chercher à protéger leurs actifs de l'Etat, comme d'autres pourraient recourir à l'Etat pour son pouvoir **interventionniste** sur l'économie. Cela reste très hypothétique et valable surtout en cas de réelle crise socio-économique. Nous le verrons plus tard, il y a bien d'autres critères plus importants pour choisir son courtier ou sa place boursière.

---

[1] *Ici, la « bourse » désigne une place boursière, lorsque la « Bourse » désigne la chose boursière.*

La suite de la définition nous dit que la Bourse : « permet de découvrir et d'afficher le prix d'actifs standardisés ».

Nous l'oublions peut-être souvent, mais l'accès rapide et illimité à **l'information** est d'une cruciale importance. Et, il en est de même en Bourse. Imaginez-vous investir dans un actif, et ne pas pouvoir consulter son évolution, son **prix** ou son historique de prix, sans un coup de fil surtaxé et écourté par un courtier grand public débordé…

Le terme « découvrir » possède tout son sens dans cette définition. En effet, il ne s'agit pas seulement d'afficher le prix d'un actif, même si cela reste utile et important. Au-delà de ceci, investir sur un actif signifie effectivement le découvrir dans son entièreté. La Bourse ne donne pas que le prix, elle donne un historique, un modèle économique, un **projet**, des ratios, des indices de confiance… Loin de vous l'idée d'acheter un appartement du simple fait que son prix soit attirant ? Vous allez vous méfier, vouloir des **garanties**, une visite approfondie, des justifications…

Eh bien il est de même en Bourse, investir dans une action, c'est prendre connaissance du prix affiché, mais c'est aussi et surtout la découvrir dans son entièreté.

Voyons maintenant ce terme « d'actifs standardisés ». Cela est assez simple en réalité. Tout d'abord, on en parle déjà depuis le début de ce livre, mais qu'est-ce qu'un actif ?

Un actif, au sens boursier, c'est la même chose qu'une action. Un actif est en action, constamment. A la différence d'une **valeur étalon**, comme l'or ou les monnaies fiduciaires, un actif possède une plus grande volatilité. C'est-à-dire que son prix peu fortement varier en peu de temps. Enfin cela, c'est en théorie, car en pratique il existe aussi des moyens de lutter contre la volatilité d'une action, d'où l'importance de « découvrir » ses actifs. Pourquoi un actif est-il volatile ? C'est parce qu'il s'agit d'une partie d'une entreprise, d'un **projet commercial**, que vous achetez. Le cours de l'action, ses variations de prix, est corrélé à la performance économique de l'entreprise, autant qu'à **son image et sa réputation**. Enfin, le terme standardisé signifie que pour une même action le marché s'accorde à lui donner une seule **valeur**, qui se retrouvera chez tous les courtiers. Vous ne pourrez pas aller chez un courtier qui possède des actions moins chères que chez un autre, les différences se feront sur d'autres critères. Attention néanmoins, le prix est standardisé, mais pas nécessairement **justifié**.

Prenons un exemple :

- Tesla est une société commerciale très connue, notamment pour ses voitures électriques. Lorsque vous achetez une action Tesla, vous possédez une toute petite part de l'entreprise. Si vous détenez plus de la moitié des actions disponibles, vous êtes **actionnaire majoritaire** et détenez la boite.
- Sur l'année 2020, une action Tesla vaut 100$ en janvier et 700$ en décembre. Une belle augmentation, synonyme d'une volatilité à la hausse, au profit des investisseurs. L'action a multiplié sa valeur par 7.
- Néanmoins, sur cette même année, l'entreprise n'a pas multiplié son **chiffre d'affaires** par 7...
- L'action Tesla a vu son **indice de confiance** augmenté par le marché et standardisé à 700$. Quel que soit votre courtier, en décembre 2020, une action Tesla vous aurait coûté 700$.
- Vous l'aurez compris la valeur réelle de l'action n'était pas de 700$. L'action est alors **surévaluée**. Cela, Tesla le doit certainement à l'aura commerciale de son leader **Elon Musk**. Les investisseurs sont prêts à payer plus cher que commune mesure, car la confiance accordée à l'entreprise définie aussi sa **valeur boursière**.
- L'action est bien standardisée, mais la confiance accordée à Elon Musk justifie-t-elle un tel prix ? A chacun de faire alors son **choix** face aux standards du marché.

Aparté sur les actifs :

Nous avons pu définir plus haut l'actif au sens bousier. Un actif est mouvant, en action. Cette petite digression porte sur l'actif économique et financier au sens plus large.

De même que l'actif boursier a pour but de faire du **profit**, un actif économique, en opposition au **passif**, permet l'augmentation ou l'optimisation des finances. En effet, posez-vous toujours cette question, mon achat est-il un passif ou un actif ?

Lorsque j'achète en Bourse, mon achat est un actif car le marché long terme augmente. Lorsque j'achète ma résidence principale, c'est un actif car je crée un **patrimoine** et de la sécurité.

Lorsque j'achète une place de cinéma, c'est un passif. Lorsque je bois un verre au bar, c'est un passif.

Lorsque j'achète des produits bio plus chers, est-ce un passif ou un actif ? Cela dépend de vous, voyez-vous la bonne nutrition comme un **investissement** bénéfique au long terme ? Le passif et l'actif sont aussi en partie relatifs, posez-vous la question et répondez-y selon vos choix.

De même, il ne s'agit pas de diaboliser les passifs. Bien qu'ils fassent perdre du capital, les passifs sont aussi nécessaires. Votre voiture est par nature un passif, un gouffre financier. Mais si elle vous permet de **travailler**, c'est un passif nécessaire. Boire un verre en terrasse est un passif, mais s'il vous permet de garder le moral et de bonnes relations sociales, il s'agit peut-être d'un passif nécessaire. Si vous seul pouvez savoir ce qui relèvera de l'actif et du passif dans vos vies, il est en tout cas primordial que vous en preniez **conscience** dans votre **intelligence financière**.

€€

Pour en revenir à notre définition, on nous déclare enfin que la Bourse permet de : « faciliter les échanges dans des conditions de sécurité satisfaisante pour l'acheteur et le vendeur. ».

La Bourse est en effet une plateforme **facilitatrice**. C'est une plateforme de **mise en relations**. Elle met en relation le marché et les entreprises avec les courtiers, et les courtiers avec les investisseurs. S'il est aujourd'hui possible d'obtenir une action McDo en trois clics, je vous mets au défi d'acheter un part de l'entreprise par courrier recommandé…

Enfin, la définition se termine par l'aspect sécuritaire de la Bourse. Comme vu précédemment, la Bourse est une place économique régulée et instituée. Elle permet d'offrir un cadre officiel, centralisé et professionnel à l'échange d'actifs. L'investisseur sait ne pas tomber sur un « **scam** », une arnaque, car il peut avoir confiance en la **régulation** du marché. De même, l'entreprise peut avoir confiance en l'investisseur, car il remplit les conditions nécessaires à l'utilisation d'une plateforme de trading.

La Bourse est le garant de l'ordre économique inhérent à l'achat d'actifs.

€€€

« Le pickpocket ordinaire dérobe une bourse et tout est dit. Il ne se targue pas ouvertement de la somme que lui a rapportée son vol et il n'accuse pas la personne dépouillée d'avoir commis le larcin. Ce sont lá tout autant de points par lesquels le filou commun l'emporte sur le filou littéraire. Il est impossible, selon nous, d'imaginer un spectacle plus dégoûtant que celui du plagiaire, marchant d'un pas victorieux, le cœur orgueilleusement agité, au souvenir d'applaudissements qu'il sait être dus á un autre. »

(Edgar Allan Poe)

€€€

PARTIE I – LES REGLES DU JEU

€€€

Chapitre 2 : Exposition, diversification et risque

Lorsque vous placez votre argent, vous allez créer un phénomène **d'exposition** différencié et plus ou moins important. Tout simplement, vous exposez votre argent à **l'environnement** du placement.

Lorsque vous allez en vacances à la plage, vous allez vous exposer à la chaleur, à la foule de vacanciers et au milieu aquatique. Lorsque vous allez au ski, vous allez vous exposer au froid, aux risques d'avalanche, mais aussi à la foule de vacanciers. Les types d'expositions sont souvent différents en genres et en nombres, mais sont parfois similaires d'un environnement à un autre.

Il est alors de même pour votre argent. Prenons quelques exemples d'expositions financières :

- La banque : votre argent possède une exposition à la volatilité nulle, néanmoins il est exposé plus fortement à **l'inflation**.
- La Bourse : votre argent est plus exposé à la volatilité, mais vos actifs vous permettent de lutter efficacement contre l'inflation.

Autrement dit, l'argent présent sur votre compte en banque sera toujours à votre disposition et en quantité égale en tout temps. Néanmoins, une exposition prolongée vous fera perdre du **pouvoir d'achat**. Quant à l'argent de votre compte boursier, il sera toujours à votre disposition, mais la volatilité boursière ne vous assure pas qu'il sera en quantité égale en tout temps. Mais dans ce cas, une exposition à long terme vous permet de gagner du pouvoir d'achat.

Il apparaît comme nécessaire de choisir ses expositions en fonction de ses besoins. Si vous êtes en grande précarité, avec le besoin d'avoir toujours des **liquidités** sécurisées, la banque semble avoir une exposition plus intéressante. Si vous n'êtes pas en manque de liquidités bancaires, et souhaitez protéger votre épargne de l'inflation, la Bourse semble offrir une meilleure exposition.

De même les expositions se font sur des plans multiscalaires. En parlant de Bourse et de banque, nous parlons de l'exposition à des institutions financières. D'autres expositions existent au sein même de ces institutions, comme leurs outils :

- La banque : un **livret** sans plafond vous expose à peu de rendements, mais ne vous limite pas en nombre, lorsqu'un **PEL**[1] couvre l'inflation, mais vous impose un plafond.
- La Bourse : Un **PEA**[2] vous permet une défiscalisation partielle, mais vous expose uniquement au marché français, lorsqu'un **CT**[3] vous expose à une imposition plus importante, mais vous offre un marché plus grand.

Il est donc important de connaître les expositions financières, ou de marché, que peuvent subir vos investissements et vos actifs. Bien connaître l'exposition de ses actifs permet de mieux comprendre leur **comportement**, être plus rationnel face au marché, gagner en confiance et réagir de façon rapide et efficace en cas d'exposition trop importante.

En effet, l'exposition se choisit et se calcule dans une juste mesure. L'exposition d'un actif à son environnement peut représenter un certain **danger**. Ce qui nous amène à notre second point, l'importance de la **diversification**.

€€

La diversification est une notion clef de l'investissement. Être diversifié c'est être **protégé**, être protégé c'est avoir l'esprit reposé.

---

[1] *PEL : Plan Epargne Logement.*
[2] *PEA : Plan Epargne Action.*
[3] *CT : Compte Titre boursier.*

Pour avoir conscience de l'importance d'un portefeuille diversifié, prenons un exemple très simple :

Il existe en Bourse un phénomène dit de **cycle boursier**. Durant ces cycles boursiers, les actifs vont être plutôt haussiers, puis vont légèrement baisser avant de stagner. La hausse correspond à l'augmentation régulière du marché global. Les périodes de baisse sont des périodes de **récession**, durant lesquelles le marché « souffle », revient plus proche de sa juste valeur après une phase **d'euphorie**. Ce sont précisément durant ces phases par ailleurs qu'il est important de porter un regard rationnel sur ses actions, et ne pas céder à l'envie de prendre des profits. Enfin, les périodes de plat, de stagnation, sont des périodes d'hésitation et **d'accumulation**, qui préparent des mouvements haussiers comme baissiers. Les cycles ne sont pas une science absolue, mais plutôt une tendance identifiable, qui permet de rationaliser des phases récurrentes du marché.

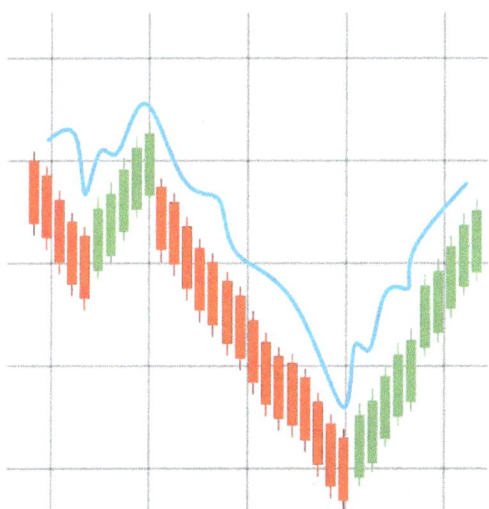

On dit généralement, au vu de ces cycles haussiers, que n'importe quel investissement boursier de 5 ans minimum devrait être **rentable**.

Face à ces cycles on trouvera aussi, de façon plus régulière, des **rotations sectorielles**. En effet, la Bourse est en quelques sortes à l'image de l'économie mondiale. Elle représente toutes les économies et tous les **secteurs d'activités**. Et tout comme un marchand de glaces fait de meilleurs résultats en été qu'en hiver, les secteurs d'activités (industrie, textile, informatique, agriculture…) se succéderont un par un dans des périodes de sur-activité et de sous-activité.

Pour en venir au bout de mon exemple, après avoir identifié la présence de ces différents cycles, aux temporalités différentes et souvent peu prévisibles, on s'accordera à dire que le marché global, la croissance moyenne du marché, semble toujours gagner. C'est pourquoi un portefeuille diversifié est un atout incontournable de la Bourse. Ainsi, quels que soient les mouvements de marchés, si votre portefeuille a l'ambition d'être une modeste « copie du marché mondial », vos gains seront plus ou moins ceux de ce dernier, avec une exposition diversifiée.

Je me permets de vous rappeler ici l'exemple du préambule, ou nous avions vu la croissance du marché mondial égale à presque 100% sur 20 ans, cela même face à des cycles de marchés impitoyables comme la crise de 2008.

€€

Vous l'aurez peut-être deviné, la notion sous-jacente à ces réflexions sur l'exposition et la diversification, c'est notre troisième point de ce chapitre, il s'agit du **risque**.

Comment parler de Bourse, d'actifs et d'investissements sans parler de risque, ou plutôt de **gestion du risque**.

Comme tout placement, et peut-être plus encore en Bourse, il faudra évaluer et gérer le risque. Une règle assez simple nous dit que plus le risque est élevé, plus le profit potentiel est élevé. Mais par proportionnalité, cette même règle nous dit que si le profit potentiel augmente, la **perte** potentielle n'est pas en reste.

« Le risque est aléatoire, mais la prise de risque doit être calculée. »

Investir en votre âme et conscience veut avant tout et surtout dire avoir le cœur aventureux, et être prêt à risquer son capital. Si l'investissement n'a pour but que le profit, « ce que l'on prend d'autres le perdent ». Ce n'est en réalité pas si vrai, car comme vu précédemment, il y a en trading invest une grande majorité de gagnants. Le marché créé des valeurs ajoutées par des créations de richesses et de confiances. Néanmoins, ce que je souhaite vous dire ici c'est que le risque n'est pas révocable, il est au mieux **latent**. Il sera toujours partie prenante de l'équation, et c'est à nous de faire en sorte que cette équation reste à l'équilibre **risque/gain** qui convient.

    Des amis me demandent parfois combien ils devraient investir. J'ai souvent deux réponses à leur apporter. Une première rationnelle, en leur disant qu'un investissement à risque doit rester dans la limite de 10% de leur capital. En réalité, j'ai personnellement le double de cela en Bourse, environ 20%. Alors pourquoi je leur prodiguerai un conseil erroné ? En réalité, cela découle de ma seconde réponse à cette question. Il s'agit d'une réponse plus liée à l'émotionnel, qui consiste à leur demander combien ils sont prêts à **perdre**.

Comprenez ici que l'argent n'a pas la même valeur pour tous. Une règle mathématique de répartition des capitaux ne vous protégera pas de vos émotions. Si vous jouez avec une somme qui représente trop pour vous, qu'il s'agisse de 5, 10 ou 20% de votre capital, si vous n'êtes pas prêts à rationaliser vos ordres de marché et votre stratégie, alors cela ne sert à rien. Jouez avec vos capacités. Placez à votre juste mesure. Rien n'empêche d'augmenter le capital avec l'expérience.

    En effet, lorsque l'on parle de risque, on pense premièrement au risque du marché. Mais le premier risque c'est nous-même. **Le marché est émotionnel**, les périodes d'euphorie, dont je parlais tout à l'heure, tirent leur nom de cet effet irrationnel d'augmentation exponentielle d'un actif lorsque le marché part à la hausse. Plus un actif augmente, plus les acheteurs affluent et tirent le prix à la hausse. Ce qui a pour conséquence de créer une surévaluation de l'actif, qui finit par être rattrapé par le marché lors d'une période de récession. N'investissez pas sur une courbe verticale. Le marché est émotionnel et l'on se doit d'user de rationalité. Une courbe ascendante annonce un actif potentiellement surévalué. Investir dessus serait acheter un actif au-dessus de son prix réel. Pour illustrer cela, rien de tel qu'un petit tour vers les courbes. Les émotions suivent les courbes :

- Un actif prend de la valeur et génère du gain aux investisseurs. Vous le voyez augmenter tous les jours et voulez votre part du gâteau. Si la courbe augmente les émotions sont belles. Avec un peu de chance vous investirez juste avant le seuil de non-rentabilité. Avec moins de chance, l'actif va entrer en volatilité accrue pour **corriger** sa position, inscrire de forts mouvements et vous risquez de céder à la panique.

- Imaginons tout de même que l'actif atteint son **ATH**[(1)] pour la période donnée. Les émotions sont au top. Mais s'ensuit inévitablement une

[(1)] *All Time High, point le plus haut jamais atteint par l'actif étudié.*

période de récession. C'est le moment d'inscrire les premiers retournements de courbe. L'hésitation vous gagne. Prendre du profit ou non. Et croyez-moi, personne n'est assez génial pour prendre les profits au bon moment, sinon ce livre serait déjà terminé.

- L'actif amorce finalement sa chute, rapide et violente généralement, vous entrez dans de nouvelles émotions, le déni et la sidération sont les plus courantes à ce moment-là.

- Une fois l'actif sous un seuil critique, vous comprenez la situation désastreuse, et comme personne n'est de marbre face à l'argent, vos émotions prennent définitivement le dessus et vous entrerez en « **panic sell** ». Il s'agit de la phase de panique qui vous fait **vendre** vos actifs au pire moment, au plus bas.

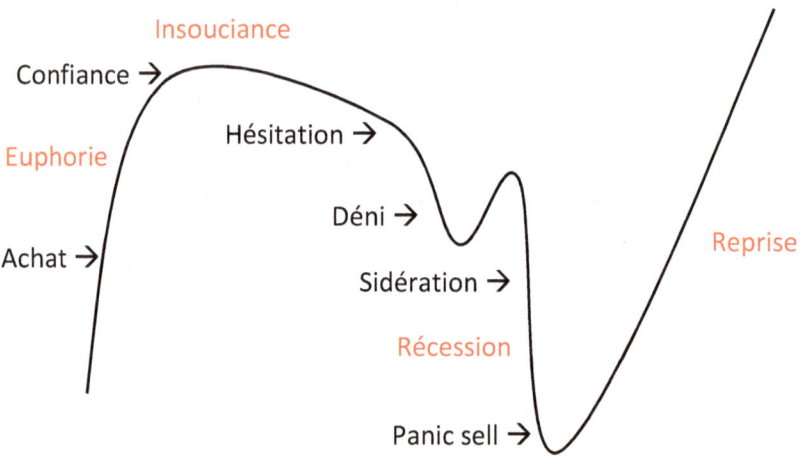

Il y a donc une forte corrélation entre risque et émotions, que l'on traduit par le **cycle émotionnel** de l'investisseur. Le travail d'une mentalité compatible à l'investissement est un passage obligé. Sinon, vous serez en proie à vos émotions les plus naturelles, et vous ferez engloutir par le marché au rythme de ses cycles.

On en conclut que le risque existe et ne peut être évité. C'est à chacun de le mesurer à sa juste et propre valeur, et de gérer ce dernier par des **leviers** tels que :

- La valeur investie
- La bonne connaissance du marché et/ou de l'actif
- La bonne exposition
- La diversification
- La rationalisation
- La mentalité (mindset)

€€€

« Les marchés haussiers naissent dans le pessimisme, se développent dans le scepticisme, mûrissent dans l'optimisme et meurent dans l'euphorie. »

(Sir John Templeton)

€€€

PARTIE I – LES REGLES DU JEU

€€€

Chapitre 3 : Stratégies, allocations et rendements

Dans ce troisième chapitre, nous allons commencer à toucher de plus près au concret de la Bourse. Nous allons nous pencher sur les éléments plus pratiques de l'investissement et sur les premières étapes nécessaires au passage à l'action.

En effet, maintenant que vous avez compris le fonctionnement de la Bourse, ses attraits et ses pièges les plus communs, il est temps d'entrer dans la partie **stratégique** de votre investissement boursier.

Nous étudierons ici une distinction qui servira de base à nos deux stratégies principales.

1) Premièrement, la stratégie de **croissance**.

2) Deuxièmement, la stratégie de **dividendes**.

Ces deux stratégies seront développées dans le cadre d'un investissement long terme, car je le rappelle le but est ici d'opérer des stratégies de trading invest, permettant la création d'une épargne boursière.

Distinction entre croissance et rémunération par dividendes :

Une entreprise **cotée** en Bourse va présenter, comme vu précédemment, une valeur standardisée. Cette valeur sera calculée principalement par sa performance économique. Si une entreprise dégage un gros **bénéfice** annuel, ou bien s'il est en augmentation régulière, l'entreprise devrait prendre de la valeur en Bourse.

Il arrive tout de même de voir certaines entreprises, bien que performantes, dont le cours ne semble pas refléter le gain de capitaux acquis. Eh bien, si une action possède un cours plutôt neutre, ou en très lente augmentation malgré de très bons résultats, il y est fort possible qu'il s'agisse d'une « **action à dividendes** ».

En effet, certaines boites, comme Tesla, affichent des performances de croissance astronomiques en peu de temps. Ces actions en réalité réinvestissent leurs gains directement dans l'entreprise, ce qui a pour conséquence d'augmenter la valeur globale de l'entreprise, et donc la valeur d'une action. Ces actions sont alors des « **actions de croissance** ». D'autres boites réinvestissent les capitaux gagnés dans les salaires des actionnaires, ce que l'on appelle les dividendes. Les actionnaires sont alors rémunérés proportionnellement au nombre de parts possédées. Cela a pour effet que la valeur monétaire de l'entreprise augmente moins, d'où une progression moins rapide. La fuite de capitaux vers les actionnaires empêche la forte capitalisation boursière.

Ainsi, les actions de croissance ne rémunèrent pas directement les actionnaires. C'est la plus-value latente, le gain sur la valeur de l'action qui fait office de rémunération lorsque les actionnaires revendent leurs actions.

Il existe alors deux stratégies principales en Bourse, la rémunération par **plus-value latente** (croissance), ou bien la rémunération par **plus-value directe** (dividendes).

1) La croissance :

La stratégie de la croissance réside dans le fait d'identifier une action sous-évaluée, afin de profiter d'un prix à la baisse et attendre que le cours remonte et génère du profit. Lorsque je parle ici d'action sous-évaluée, il ne s'agit pas forcément d'une action sous-évaluée par rapport à sa **valeur réelle estimée**, mais plutôt par rapport à son indice de confiance et son historique.

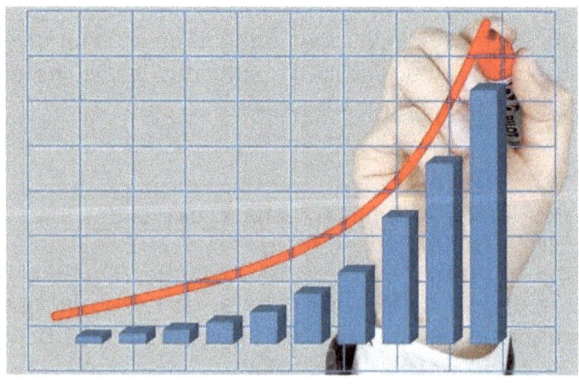

En effet, certaines actions restent constamment sous ou surévaluées. Ainsi, la norme de prix pour ces actions est réétalonnée. Une action surévaluée, qui atteint son juste prix, peut alors être considérée comme sous-évaluée par rapport à son indice bousier habituel. En réalité, le but est seulement de ne pas acheter une action surévaluée, qui risque de ne faire que se **dévaluer** et engendrer de la **décroissance**.

Certains seront à la recherche d'actions réellement sous-évaluées, afin de profiter d'un éventuel rebond de courbe. Mais, la plupart du temps, il vous suffit d'investir dans des actions de croissance bien connues, au moment où leur prix est à peu près juste. Certaines d'entre elles sont des géants de l'économie et profitent de fortes augmentations au long terme. Ainsi, le fait de les acheter à leur juste prix suffit, car il y a fort à parier que la croissance sera au rendez-vous pour les années suivantes. Je pense ici par exemple au **GAFAM**[1].

Pour vous donner des chiffres, de 2013 à 2020, Amazon enregistre une croissance de **1 200%**. Soit un indice multiplicateur de 13. Si vous investissiez 1 000€ sur Amazon en 2013, vous auriez aujourd'hui 13 000€ pour le même nombre d'actions.

Exemple personnel :

Mon portefeuille boursier de croissance 2020 enregistre une performance annuelle de 20%. Ce portefeuille a été réétalonné en vue de l'année 2021, en voici la composition[2] :

- Adyen NV
- Google INC. Class A
- Amazon
- Coinbase
- Facebook
- Netflix
- Paypal
- Shopify
- Tesla
- Zoom

[1] *GAFAM : Google, Apple, Facebook, Amazon, Microsoft.*
[2] *Ceci n'est pas un conseil en investissement.*

2) Les dividendes :

La stratégie des dividendes réside dans le fait d'avoir le plus de rémunération fixe possible grâce au actifs détenus. Un dividende est un **pourcentage** de la valeur d'une action, qui vous sera versé annuellement pour chaque action détenue. A noter qu'une bonne action à dividende peut aussi inscrire des performances de croissance. Dans ce cas, votre dividende augmentera légèrement et vous obtiendrez une plus-value latente sur la valeur de votre action. A l'inverse, si l'action baisse, le dividende sera un peu moindre. Mais tant que la valeur totale de baisse de l'action reste inférieure à la valeur totale des dividendes perçus, vous resterez **rentable**.

Le but de la stratégie des dividendes, c'est d'être exposé au maximum d'actions et de secteurs, tout en ayant le plus haut **rendement** possible. Ainsi, le but est de toucher de l'argent régulièrement, le plus possible, en réduisant le risque de volatilité de l'action. En effet, une action à dividende pourra le distribuer mensuellement, trimestriellement ou bien annuellement. Un **portefeuille** bien monté vous offrira des revenus réguliers. De plus, une action qui distribue un dividende va réduire son risque de volatilité, car sa croissance sera lissée et moins en proie à l'euphorie de marché.

Néanmoins, les actions à dividendes restent des actifs et l'un des risques supplémentaires est de voir un dividende être divisé, voire même **supprimé,** lors d'une période de crise.

Quelle que soit la stratégie, la plus-value latente n'est argent comptant qu'une fois retirée, et la plus-value directe peut présenter des irrégularités, ou des absences. C'est pourquoi, un portefeuille bien monté devra faire preuve de **résilience**. Certains disent même que détenir un équilibre parfait de dettes (**obligations**) et d'actifs vous permettrait d'obtenir un capital auto-régulé et intemporel. Quoi qu'il en soit, cela nous amène à notre partie suivante, la bonne gestion de ses **allocations**.

€€

Une allocation, c'est une somme d'argent définie et allouée à un investissement lui aussi défini. Une allocation répond à la nécessité d'une bonne gestion de votre capital, une bonne allocation répond de la sécurisation de vos capitaux.

Lorsque nous parlons d'allocations financières, nous parlons d'établir un **portefeuille**, aussi appelé portfolio. Ce portefeuille est une sous-division de votre capital personnel et correspondra aux besoins d'un investissement particulier. Vous possédez aujourd'hui certainement un portefeuille bancaire, une allocation bancaire, qui correspond aux sommes déposées au sein de votre banque.

Des exemples d'allocations seraient :

- Une allocation bancaire : capitaux en banque
- Une allocation boursière : capitaux investis en actifs
- Une allocation immobilière : capitaux investis en biens immobiliers
- Une allocation valeur refuge : capitaux convertis en or

Ces allocations ont pour objectif de **quantifier** de manière intelligente, à la fois votre exposition et votre diversification. En estimant le risque associé à un portfolio, vous pourrez définir un pourcentage de capital investi à une juste mesure. De même, les allocations sont les garantes du bon équilibre de votre portefeuille. Une bonne allocation vous permet l'optimisation et la répétition d'un modèle financier intelligent qui vous est propre. De ce fait, vous astreindre à une bonne hygiène économique et financière, baliser comme il se doit vos investissements, vous permet aussi de ne plus investir en fonction de vos émotions. Une bonne allocation vous protégera de vos émotions les plus irrationnelles et vous apportera confort et sérénité.

Enfin, ces allocations seront arborisées en **sous allocations**. Plus votre portefeuille présentera de sous allocations, plus sa résilience sera grande. Des exemples de sous allocations pour nos allocations précédentes seraient :

- Banque : le livret, l'assurance-vie, la répartition du capital alloué au sein de plusieurs banques…
- Bourse : des actions de croissance, des actions à dividendes, investir dans des indices boursiers (trackers)…
- Immobilier : avoir un bien, investir en **SCI**[1]…
- Valeur refuge : avoir de l'or en France, avoir de l'or à l'étranger…

Vous l'aurez compris, les allocations sont votre stratégie de répartition, qui vous permet aussi bien de sécuriser que de **contrôler** vos finances.

Et comme une allocation dépend d'une stratégie, voyons l'exemple d'une stratégie bien connue de l'épargne ; le portefeuille « **bon père de famille** ».

Ce portefeuille est une sous allocation d'un capital total. Il s'agit d'un portefeuille d'épargne, celui qui présente le moins de risques. Il sera composé de :

- 25% d'actions
- 25% d'obligations
- 25% d'or
- 25% de liquidités

Ce portefeuille est issu de l'allocation du « **Harry Browne permanent portfolio** ». Ce portefeuille est devenu célèbre dans le monde de l'allocation épargne, car il a su prouver une résilience, couplée à une performance, des plus remarquables. En effet, depuis les années 1970, cette stratégie vous aurez assuré du gain chaque année, sans exception. Alors comment se fait-il que ce portfolio magique affiche une telle résilience ?

Tout d'abord, sa performance individuelle reste à nuancer. Comprenez que selon les actifs qui composeront ce portefeuille, la performance sera différente d'un investisseur à un autre. De même, la **devise** des liquidités peut influencer la performance à long terme. Prenons l'exemple du **CHF**[2], cette monnaie étant très peu exposée à l'inflation, elle serait plus à même d'offrir de meilleurs résultats qu'une autre devise. C'est pourquoi, sa performance globale ne saura jamais vous être assurée, cela dépendra de vos choix d'allocations actives et obligataires.

---

[1] *SCI : Société Civile Immobilière.*

[2] *CHF : Franc suisse, monnaie nationale suisse.*

Mais, nous pouvons tout de même expliquer de façon très efficace la résilience connue par ce portfolio.

1- Les actions :

25% d'actions ne signifie pas 25% d'une seule et même action. Ainsi, vous pourrez au sein de ces 25% reproduire une diversification optimale qui vous assure de suivre la moyenne économique mondiale. Mais, le plus simple pour ce portefeuille très long terme, « permanent », serait certainement d'utiliser des **ETF**. Les ETF, pour « **exchange traded funds** » (« fonds négociés en Bourse »), sont des **trackers** boursiers. C'est-à-dire qu'il s'agit d'un actif qui va reproduire la performance moyenne de plusieurs autres actifs. En investissant sur un seul actif bousier, vous pouvez obtenir une forte diversification indirecte. L'ETF français le plus connu est le **CAC40**, qui retrace la performance des 40 plus grandes entreprises françaises. De même, le **S&P 500** vous offrira en un actif la performance de 500 des plus grandes entreprises américaines. En capitalisant sur une forte diversité boursière, vos 25% d'actifs réduisent le risque et assurent la pérennité de votre investissement.

2- Les obligations :

Les **obligations** étant des titres de dette, en cas de crise ils sauront vous protéger efficacement, et étant d'une valeur proportionnelle à vos actifs, ils pourraient bien souvent couvrir vos moins-values. Globalement, les obligations permettent une augmentation plus linéaire mais moins volatile de leurs valeurs.

3- L'or :

De même que les obligations, l'or est une valeur qui a tendance à augmenter en cas de crise. Et cela s'explique du simple fait que la **monnaie**, vos billets, correspondent à une valeur de confiance. Votre billet de 100€ possède un coût de production environ égal à un billet de 20€. Pourtant la confiance accordée dans la monnaie permet de maintenir **la valeur monétaire**. Seulement, en cas de crise la confiance monétaire se retire au profit de la méfiance. Cette même méfiance va chercher à passer d'une valeur de confiance à une **valeur refuge**. A la différence de la monnaie, l'or est une ressource rare et limitée qui tire un prix « juste » (même si soumis à la **spéculation**) et qui offre l'assurance de conserver un pouvoir d'achat.

4- Les liquidités :

Ces dernières ne vous rapporteront pas tellement, mais elles seront à votre disposition pour assurer une sous allocation **stable**. Et, avec une bonne optimisation il est même possible de lutter contre l'inflation et de conserver, voire augmenter, son pouvoir d'achat.

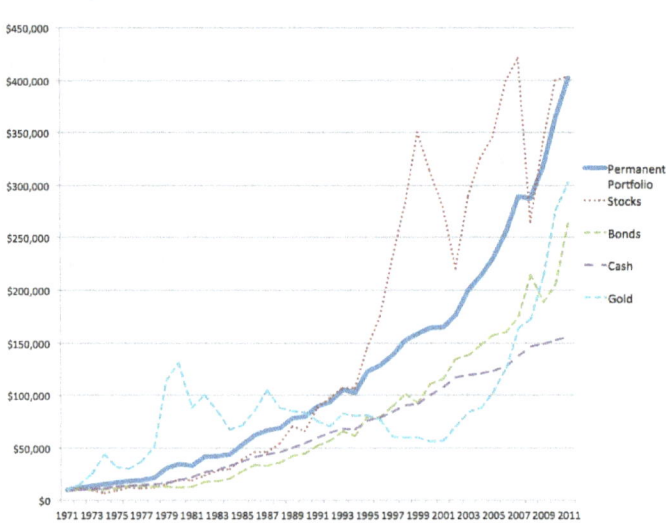
Issu de Wikimedia Commons

€€

Dans cette dernière partie de chapitre, nous allons rapidement passer sur le principe de **rendement**. Le rendement d'une action est le rapport, exprimé en pourcentage, entre le dividende et le cours en Bourse. Certains parleront de rendement effectué par une action de croissance. Mais cela est **faux**. Une action de croissance ne procure pas de rendement. Elle procure une **performance** qui inscrit **une plus ou une moins-value**.

De même, une action à dividende émet une performance, et le cas échéant une potentielle plus-value. Mais elle est avant tout définie par son rendement, son pourcentage de rentabilité **connu** et partiellement prédictible. Vous le verrez dans le chapitre suivant, le rendement occasionne bien des différences fondamentales entre deux actions, notamment dans leurs **fiscalités**.

Il est donc important de faire la distinction entre la performance boursière, qui donne lieu à une plus ou moins-value **latente ou réelle**, et le rendement qui est un pourcentage connu de **gains réels**. Evidemment les gains sont connus mais relatifs, cela à cause de la volatilité de l'action, comme expliqué précédemment.

Ainsi, **l'AMF**[1] nous communique en 2013 que sur la période des 25 dernières années, un investissement boursier français présente un **rendement réel moyen** (ROI[2]) de **5,8%.** Pour vous donner une idée supplémentaire, sur la même période le rendement réel moyen immobilier est de 3,7%.

Le rendement est donc en Bourse le seul revenu réel direct. C'est le premier, et en première instance le seul, facteur d'estimation réelle des bénéfices.

---

[1] *AMF : Autorité des Marchés Financiers (France).*
[2] *ROI : « return on investment », retour sur investissement.*

€€€

« J'ai fait fortune en vendant toujours un peu trop tôt. »

(James de Rothschild)

€€€

PARTIE I – LES REGLES DU JEU

€€€

Chapitre 4 : Déclaration, imposition et optimisation

€€

Prélude :

Avant ce chapitre, je tiens à vous rappeler que ce livre ne cherche qu'à initier en vous l'envie d'une démarche personnelle de s'intéresser au milieu boursier. Et si, je l'espère, ces écrits vous apporte des notions pratiques applicables, je tiens aussi à vous rappeler que je ne suis ni expert reconnu, ni professionnel en la matière. C'est pourquoi il est nécessaire de compléter vos recherches et de vous tenir informés sur les éléments abordés dans ce livre. Les éléments qui suivent pourront aborder des notions légales, je ne suis en aucun cas juriste, je tente simplement de vous expliquer le fonctionnement d'actifs qui entre en relation avec un cadre légal obligatoire, qui fait partie de l'équation et ne peut être ni négligé, ni omis.

Ce chapitre a pour but de vous faire prendre conscience que la détention d'actifs implique des responsabilités et des obligations financières. Trop souvent ces éléments ne sont pas mentionnés et sonnent comme un imprévu ou une mauvaise surprise aux yeux du nouvel investisseur. Sur ce, je vous invite encore à faire vos propres recherches auprès d'autorités compétentes le jour où vous serez dans l'exercice d'une activité administrative ou juridique attenante à la Bourse.

€€

Le premier point de ce court chapitre concerne la **déclaration** de vos revenus boursiers. Comme tout revenu, vos rendements et plus-values boursiers se devront d'être déclarés comme un revenu supplémentaire, pouvant vous astreindre à une nouvelle **tranche d'imposition**.

La déclaration de revenus boursiers se fait une fois dans l'année fiscale. Pour cela, il est nécessaire de remplir des formulaires, dont je ne vous communiquerai ici pas les références. Sachez que pour savoir quels sont vos montants à déclarer, il suffit de demander à votre courtier un **Imprimé Fiscal Unique** (IFU) sur lequel seront rapportés tous les bénéfices à déclarer. Mais pour comprendre un peu mieux les montants de vos déclarations, il est essentiel de poser les bases :

- Les rendements sont directement et **toujours** partie prenante de la déclaration (les dividendes).
- Les plus-values réelles seules sont prises en compte dans la déclaration.

Cela signifie de fait que vos plus-values latentes ne sont pas à déclarer. Un actif est à déclarer lors de son **transfert vers une monnaie fiduciaire**. Soit, lorsque vous touchez un dividende, il vous est payé en euros, vous devez donc automatiquement le déclarer. Lorsque vous achetez un titre d'actif, ce titre est échangé contre des euros. Vous ne détenez plus la monnaie fiduciaire mais le titre. Le titre est alors un **actif spéculatif** et n'est pas à déclarer. Mais tout mouvement d'actif vers une monnaie fiduciaire s'inscrit dans vos déclarations. D'où l'avantage d'un portefeuille long terme. Prenons un exemple :

- Mon portefeuille court terme enregistre une performance de 20%. Je décide de retirer tous mes fonds pour financer un nouveau projet. Je déclare donc mes gains et suis imposé de la **flat taxe** (PFU[1]).
- Mon portefeuille long terme affiche une performance de 120% en un an. Cela représente une grosse plus-value latente. Mais s'agissant d'un portefeuille long terme, je ne retire pas mes actifs. Ainsi, la plus-value latente n'est pas imposable et la croissance n'est pas ralentie.

Un portefeuille long terme, sans mouvement régulier, ne deviendra pas un casse-tête administratif. Il vous faudra déclarer vos revenus seulement l'année de vente des actifs. Il faudra évidemment déclarer les éventuels dividendes, mais cela est assez rapide, il suffit d'en faire la somme et de l'ajouter à la case dédiée de votre déclaration d'imposition. N'hésitez pas à vous renseigner auprès des **autorités compétentes** pour vos premières déclarations (centre des impôts de référence).

[1] *PFU : Prélèvement Forfaitaire Unique de 30%*

€€

S'il existe des processus de déclaration des revenus, c'est vous l'aurez compris afin d'être imposé comme il convient. Dans ce cadre, la Bourse possède quelques particularités relatives à **l'imposition**, des particularités pour certaines déjà citées ci-dessus.

Tout d'abord, lorsque vous obtenez des gains boursiers imposables, sachez que la **flat taxe** s'y appliquera. Cette taxe fixe est de **30%** et sera généralement prélevée à la source, sur les dividendes du moins. Ajoutez à cela que votre gain net s'ajoute à votre revenu fiscal de référence annuel, et peut en cas de gain important vous soumettre à une imposition plus sévère. Cela n'étant pas spécialement une contrainte, car plus on paie d'impôts, plus on est riche. Un bon objectif pourrait donc être d'espérer voir son imposition augmenter chaque année.

Pour en revenir à nos dividendes, je vous parlais d'un prélèvement à la source. En effet, un Compte Titre boursier va vous permettre d'investir dans de multiples actions à rendement, et donc dans de multiples pays, aux **multiples fiscalités**. Ainsi, vous comprenez que déclarer ses revenus en France est déjà une chose, mais le faire dans des dizaines de pays semble impossible. Eh bien certes, ce qu'il va se passer au moment où vous toucherez votre dividende issu d'une entreprise étrangère, c'est que le pays de provenance va d'abord récupérer sa taxe, puis vous verser la somme déjà taxée. Alors si vous avez bien suivi, vos rendements boursiers étrangers sont déjà taxés à la source, et l'on vous taxe à nouveau en France ! Effectivement, et c'est pour cela que le marché ciblé peut avoir son importance. Mais nous reviendrons sur ces points un peu plus tard.

Il peut aussi, comme partout ailleurs, exister en Bourse des conditions de **non-imposition**. Même si cela est rare, c'est possible. Mais même en cas de non-imposition, **vous devez déclarer** vos revenus boursiers.

De même il est possible que vous soyez étudiant rattaché au **foyer fiscal** de vos parents. Dans un tel cas, prenez le temps de voir avec eux comment déclarer vos gains sur leur avis d'imposition.

€€

Enfin, il existe en Bourse une **élasticité** dans la fiscalité. C'est-à-dire que vous possédez une marge de manœuvre quant à vos choix d'imposition, qui peuvent vous permettre de corréler situation financière et stratégie d'imposition, afin **d'optimiser** vos finances.

Nous verrons ici rapidement quelques exemples d'optimisation fiscale. De même, cela est non-exhaustif et peut être erroné par le temps, je vous invite donc à faire vos propres recherches sur la base des termes présentés ci-dessous.

1- Les moins-values :

Il existe en réalité trois façons de déclarer les gains liés à la performance, et cela qu'ils soient positifs comme négatifs. Vous pourrez remplir, lors d'une belle année, un formulaire de déclaration de plus-values uniquement. Mais de même, vous pourrez déclarer, lors des années moins généreuses, le total de vos moins-values, réduisant ainsi votre imposition. Enfin, vous pourrez déclarer un mélange de plus et de moins-values qui se compenseront de façon proportionnelle. Sachez d'ailleurs que les moins-values boursières peuvent être **reportées** sur une période allant jusqu'à 10 ans.

2- L'imposition progressive :

Il vous sera aussi possible d'opter pour une imposition par **barème progressif** vous octroyant des **abattements** fiscaux. Dans ce cas, vous vous acquitterez des **prélèvements sociaux** aussi présents dans la flat taxe. La différence est que vous obtiendrez un pourcentage d'imposition à hauteur de votre revenu de foyer. Si votre tranche d'imposition est basse, vous serez certainement gagnant. Pour les plus aisés l'opération n'est pas forcément rentable, car le barème le plus élevé est de 45%, contre 30% de flat taxe.

3- Le PEA :

Le PEA est un outil boursier français qui vous permet, au-delà de 5 ans, d'obtenir une **fiscalité avantagée**. Vous ne serez plus soumis à l'entièreté de la flat taxe, mais seulement au 17,2% des prélèvements sociaux. Néanmoins le PEA ne vous permet d'investir qu'en France et dans certains marchés européens. De même il présente un **plafond** d'investissement. Il peut par exemple être avantageux de ne placer dans un PEA que les actions françaises de votre allocation boursière. Ainsi vous paierez la flat taxe seulement sur les actions étrangères.

4- Taxe sur les actions étrangères :

A vrai dire, vous pouvez ne pas être doublement imposé sur les rendements d'un titre étranger. Si votre action américaine (par exemple) est prélevée de 15% à la source, alors la France en vertu des **conditions de non-double imposition** vous prélèvera seulement du manque à gagner.

C'est-à-dire ici :

Flat taxe – prélèvement à la source = taux d'imposition français

Soit : 30% - 15% = 15%

Le seul « hic » dans ce système, c'est que cela se fait dans la **limite minimum de 15%** restant. Concrètement, si un pays vous impose une retenue de 20% à la source, l'état français vous imposera toujours de 15%, augmentant ainsi votre imposition.

Bien se renseigner sur la fiscalité inhérente à l'actif étudié permet d'en optimiser le gain.

€€€

« Le cœur d'un homme du fisc doit être dans sa tête. »

(Napoléon)

€€€

PARTIE I – LES REGLES DU JEU

€€€

Chapitre 5 : Les intérêts composés

Dans ce chapitre, nous abordons l'essence du concept boursier, celui bien connu des millionnaires de ce monde, celui qui donne toute sa consistance à l'investissement en Bourse. **Les intérêts composés** sont la clef de voûte de votre investissement en Bourse et nous allons voir ensemble pourquoi ils sont à la base d'une épargne réussie.

Les intérêts composés, qu'est-ce que cela signifie ? Eh bien en premier lieu, les intérêts correspondent à vos gains. C'est un profit, qu'il soit issu de la croissance ou du rendement, on en retire un intérêt personnel financier. Mais les intérêts composés ont attrait aux rendements seuls. Les intérêts composés (IC) constituent un montage économique des plus simples, permettant de créer une valeur ajoutée potentiellement infinie. En définitive, les IC résident en le fait de toujours réinvestir le rendement reçu au sein de l'actif afin de créer un « **effet boule de neige** ».

Une définition mathématique des IC est une suite arithmético-géométrique : $U_{n+1} = (U_n + R) \times Q$, où U_n représente la valeur de la suite à l'année n, R la raison de la fonction arithmétique, et Q la raison de la fonction géométrique.

Autrement dit, U_n représente le capital investi à l'année n, R l'apport annuel d'investissement et Q le pourcentage de rendement.

Exemple :

En investissant 100€ l'année 1 et un apport annuel de 100€ à un rendement de 10%, nous obtenons : U_1 = (100 + 100) x 1,10 = 220 et U_2 = (220 + 100) x 1,10 = 352

Ainsi, pour le même apport annuel, nous obtenons la première année 20€ de rendement, et 32€ de rendement pour la seconde année.

Maintenant que nous avons défini le rouage des intérêts composés, je vous propose une mise en situation plus terre-à-terre.

Un Français épargne en moyenne 276€ par mois. La retraite à taux plein s'atteint en moyenne au bout de 42 ans et 3 mois, soit 507 mensualités. En partant du principe que vous n'effectuez aucun dépôt de départ, je simule la valeur des intérêts composés pour cette période.

- 0€ d'apport initial
- 276€ d'apport par mois sur 507 mois
- 5,8% de rendement (moyenne de l'AMF vue précédemment)

Après **42 ans d'épargne**, vous obtenez un capital boursier de 569 726,97€. Sur ces 569 726, 97€ vous détenez 430 622,97€ issus des intérêts composés !

Soit 75% de votre capital total !

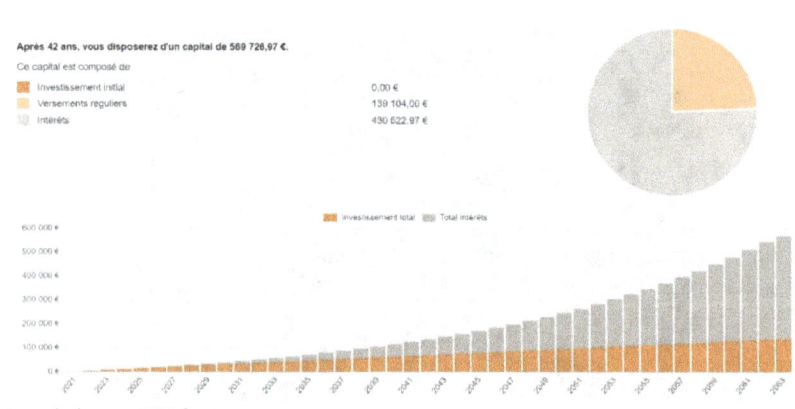

Issu de bourse101.fr

L'investissement réalisé par le dépôt de vos mensualités s'élève donc à 25% de la somme, soit 139 104,00€.

Dans l'hypothèse où cette somme est épargnée en banque, à un taux préférentiel de 1%, l'un des plus hauts possibles en banque pour une telle somme, vous auriez obtenu 33 648,51€. Soit, vos intérêts n'auraient représenté que 19% d'un capital bancaire plus de **3 fois inférieur**...

€€€

« Que ton vêtement soit aussi coûteux que ta bourse te le permet, sans être de mode excentrique ; car le vêtement révèle souvent l'homme, et, en France, les gens de qualité et du meilleur rang ont sous ce rapport le goût le plus exquis et le plus digne. »

(William Shakespeare)

€€€

PARTIE I – LES REGLES DU JEU

€€€

Chapitre 6 : Problématiques

A la lueur de toutes ces notions relatives à l'investissement en Bourse, il apparaît que ce dernier présente de nombreux avantages. Néanmoins, ces avantages étant conditionnés à nombre de facteurs essentiels, il semble que la Bourse mette aussi en avant des **problématiques**.

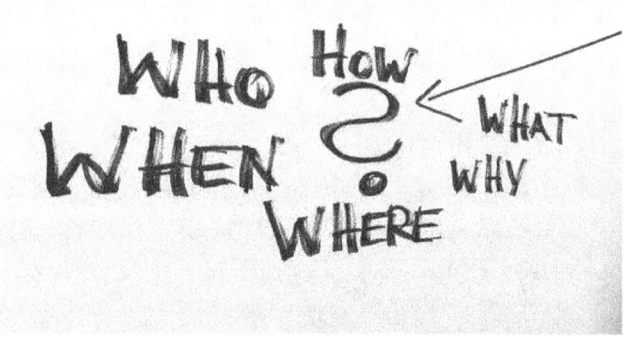

Correctement identifier ces problématiques permettra l'obtention d'un investissement plus sain et plus rentable. Nous allons donc parcourir ensemble les différentes problématiques inhérentes à l'achat d'actifs, des problématiques qui, vous le verrez, sont autant **d'obstacles** dont la **Bourse 2.0** semble pouvoir s'affranchir.

Si nous revenons aux premiers constats établis sur les outils boursiers, nous pouvons faire état du besoin de courtier. Or un courtier, quel qu'il soit, exerce une activité professionnelle **rémunérée**, et des flux de capitaux nécessitant des transferts. Ces différents éléments vont mener à une première problématique, celle des **frais** de courtage et d'exécution des ordres de marché. En réalité, les frais de courtages moyens sont de **0,5 à 1%** selon l'AMF.

Le second chapitre quant à lui, insiste sur la nécessaire diversification des actifs et des outils, cela afin de maximiser les différences d'expositions et réduire le risque. Or un actif possède, souvenez-vous en, un prix standardisé non négociable. Si l'on établit qu'une action coûte entre 100€ et 1000€, on obtient un prix de marché moyen de 550€. Ceci est un exemple arbitraire, aucune moyenne officielle n'étant en vigueur. Néanmoins, lorsque l'on voit le prix d'une action

Amazon à plus de 3 400$, ou d'une action Google à plus de 2 000$, 550€ semble être une « gentille moyenne ».

Tout cela finalement pour démontrer que si une action vous coûte 550€, et que vous souhaitez vous exposer à tous les secteurs d'activités, vous pourrez déjà compter **39 actifs** à votre portfolio.

On dénombre en effet 10 industries boursières, 18 « super secteurs » et 39 secteurs selon la classification faite par l'indice « **Industry Classification Benchmark** ». Soit, 39 x 550€ = **21 450€**.

Nous nous accorderons à dire qu'une capacité d'investissement de 21 450€, pour une sous allocation boursière qui plus est, n'est pas donné à tout le monde. Ainsi, une autre problématique soulevée par la Bourse est le **prix élevé** associé à la diversification, et donc le prix élevé de la bonne gestion du risque.

Viens ici notre troisième point. La nécessité de posséder assez de capitaux pour faire face à une bonne exposition, autant qu'à de bonnes allocations. En effet, si les allocations nous permettent d'assurer un rendement sur un actif ou un groupe d'actifs définis, il n'en reste pas moins que ce rendement est, et sera toujours, proportionnel au capital investi.

Exemple :

- Soit A le capital investi
- Soit B le bénéfice obtenu
- Soit y le coefficient de rendement

On admet l'équation **B = y x A** (avec A, B et y positifs)

Soit, il existe deux façons d'augmenter son bénéfice. Faire augmenter A ou bien faire augmenter y. Or, si y augmente, le pourcentage de rendement augmente. On sait alors que plus le pourcentage de rendement augmente, plus le risque augmente. On en conclut que le seul moyen sécuritaire de faire augmenter B est de **faire augmenter A**.

Autrement dit, il est plus simple et moins risqué d'augmenter son capital investi que son taux de rendement. Plus on est riche, plus on le devient. Ainsi, une nouvelle problématique inhérente à la Bourse est **l'apport régulier** (ou initial et conséquent) de capitaux.

€€€

«Le baccarat, la roulette, les courses de chevaux, c'est la vieille guerre, c'est l'arme blanche. La Bourse, c'est le tir á longue portée.»

(Gérard de Rohan Chabot)

€€€

Chapitre d'introduction à la seconde partie :
€€€

Ces problématiques relevées existent, et sont de réels freins à l'investissement boursier. Lorsqu'un achat d'actifs rentables demande une forte capacité financière, à défaut d'un risque accru, il est vrai que la sagesse nous renvoi vite aux instruments bancaires classiques.

Pourtant, souvenez-vous du chapitre introductif, lorsque je déclarais :

« *Oui, la Bourse est un sport de riches, relativement du moins, pour ceux qui n'en connaissent pas ou plus les multiples réalités.* »

En effet, la Bourse au fil des années a su évoluer et s'emparer des technologies nouvelles qui l'entourent. C'est alors dans cette épopée de modernité que « La Bourse 2.0 » se révèle, jusqu'au point d'arriver dans nos propres smartphones, par l'acquisition des standards technologiques contemporains.

La Bourse 2.0 redéfinit les contours et les horizons de l'investissement boursier au 21ème siècle, et cela tout en répondant au besoin d'une accessibilité accrue aux leviers boursiers déjà existant.

Ces nouvelles opportunités d'investissements permettent de lancer un regard nouveau sur l'épargne boursière, et nous ouvrent les portes d'un environnement moderne et optimisé, là où chaque investisseur pourra sans doute trouver sa place.

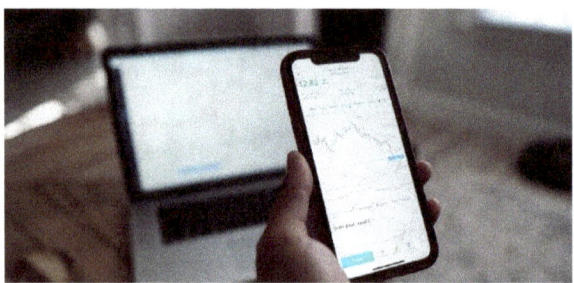

Cette seconde partie portera sur l'exploitation de la Bourse 2.0, et sur les nouvelles règles qu'elle définit.

De plus, je tiens encore à vous rappeler que cette seconde partie, au même titre que la première, ne constitue en aucun cas des conseils ou directives d'investissements. Il s'agit toujours d'un simple partage de connaissances personnelles, de points de vue et d'expérience. Sur ce, je vous souhaite la bienvenue dans ce que je considère comme une révolution de l'épargne active, j'ai nommé : La Bourse 2.0.

PARTIE II – LES NOUVELLES REGLES

€€€

Chapitre 7 : La Bourse 2.0

La Bourse 2.0 est un terme qui semble très farouchement émerger sur les moteurs de recherche, faut-il encore vouloir le trouver.

En réalité, je ne me suis pas soucié de trouver une sémantique reconnue de ce terme, puisqu'il symbolise justement le caractère très personnel et **subjectif** que j'associe à ce concept. Ce n'est qu'une fois que cette expression de « Bourse 2.0 » me soit apparue comme un concept intrinsèquement abouti que je me suis attelé à savoir si j'étais seul dans cette conquête de la Bourse 2.0.

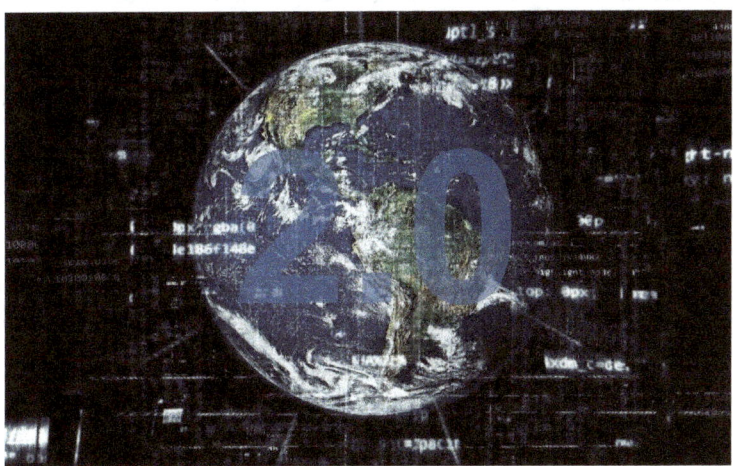

En tous les cas, si cette expression ne semble pas trouver une signification univoque de nos jours, je ne pourrai tout de même pas affirmer être un précurseur en la matière. Loin de moi cette idée.

Mais comme cette expression reste sommée d'une incommensurable subjectivité, je tenterai dans ce chapitre de vous transmettre le sens profond que ma personne attribue à ce concept.

Selon moi, la Bourse 2.0 possède des représentations à deux niveaux. Tout d'abord à un niveau **pratique**, puis secondement à un niveau **psychique**. Il s'agit d'un écosystème agrandi et innové d'une machine boursière à plusieurs vitesses. Ainsi, cette place **immatérielle** d'échange de valeurs reste attelée à un pouvoir mystique et institutionnel non tangible, mais semble se rendre de plus en plus accessible par l'intervention d'outils numériques et technologiques optimisés. Par la même, les développements des deux axes de représentation, le pratique et le psychique, entrent en synergie dans la création d'une nouvelle **capacité financière populaire**. C'est du moins ce que je crois, que l'un dessert les acquis de l'autre, dans la construction d'une révolution des finances personnelles. Une révolution non complétement exploitée, si ce n'est même qu'elle n'existe encore qu'en puissance.

Le premier axe de représentation de la Bourse 2.0, le pratique, s'explique je pense assez facilement. Tout comme notre société, de sa consommation alimentaire au divertissement, en passant par le travail, a su se voir transformée par l'arrivée massive des **Nouvelles Technologies d'Information et de Communication**, la Bourse ne peut faire exception. Son caractère financier, administratif et institué la rend peut-être plus résiliente, plus latente, face au changement. Mais se priver de nouvelles technologies en Bourse, lorsque **Internet** permet la gestion des stocks en temps réel, c'est une ineptie. Et tout comme cette ineptie n'est pas à démontrer, chacun sait que les actifs contemporains et les réseaux d'échanges doivent tout à Internet, il me semble qu'il serait une ineptie de même de penser que la Bourse se met en marge des nouvelles conquêtes de « l'Internet of things », ou de l'IA.

L'idée que j'en tire, c'est que la Bourse, comme tout notre environnement, profite des avancées technologiques, et de ce fait nous offre une praticité accrue. L'accès à une Bourse pratique augmente avec l'accès aux technologies et au numérique.

Le second axe de représentation de la Bourse 2.0 réside, selon moi, en son caractère psychique. Cela vient du fait que la Bourse **effraie**, elle fait peur car elle est incomprise autant qu'incompréhensible. Le caractère mystique auquel j'ai pu faire référence, c'est celui qui accompagne le **fantasme** de l'argent, le fantasme de la puissance capitaliste et le fantasme du numérique. Couplez tous ces fantasmes, ils deviennent propices aux interrogations les plus farouches, aux spéculations les plus vives, et aux émotions les plus partagées.

Imaginez un milieu inconnu, où l'avarice ne se contente pas de flâner, mais prend aussi racine, et là où les mythes de la **manipulation** aristocratique moderne semblent prendre vie. C'est un peu comme cela que l'on peut imaginer la Bourse, **Wall Street** et ses déviances les plus perfides.

Finalement, un milieu lointain, inhabituel et pervers qui ne nous aide pas à nous sentir légitimes et volontaires pour y entrer. Ainsi, je pense que la psychologie associée à l'imaginaire boursier, légitime ou non, est déjà l'un des **déterminismes** les plus poussés qui nous empêche d'y accéder.

Par exemple, si je vous parlais du **Dark Net**, que je vous demandais de vous y frotter et de l'utiliser, je pense que cela éveillera en vous bien des méfiances et des égards. Vous le verriez certainement plus ou moins comme cela :

Effectivement, le Dark Net présente des **dangers**, de l'anonymat à outrance et des activités criminelles récurrentes. Mais n'est-ce pas le cas de notre internet commun ? L'internet que nous connaissons nous est familier car nous l'avons **appréhendé**. Il est fort probable que les journalistes qui utilisent le Dark Net s'en faisaient une **fausse idée**, et on apprit à s'en servir de la même sorte qu'ils pourraient se servir de leur navigateur grand public. En parlant de navigateur, voici à quoi ressemble en réalité l'une des plus grandes parties du Dark Net :

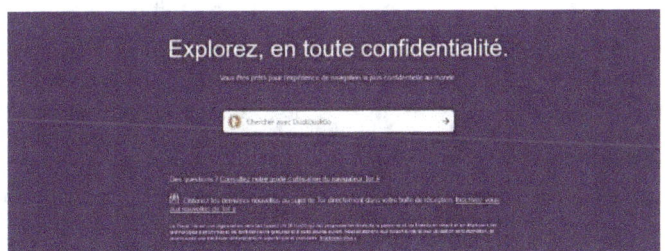

Il semble être de même avec la Bourse 2.0, qui permet d'abaisser les **barrières psychiques** liées à la Bourse. L'image familière d'une place boursière opaque et technique, l'on pourrait facilement se la représenter ainsi :

Cette image devient en réalité transformée, avec la Bourse 2.0, et devient celle-ci :

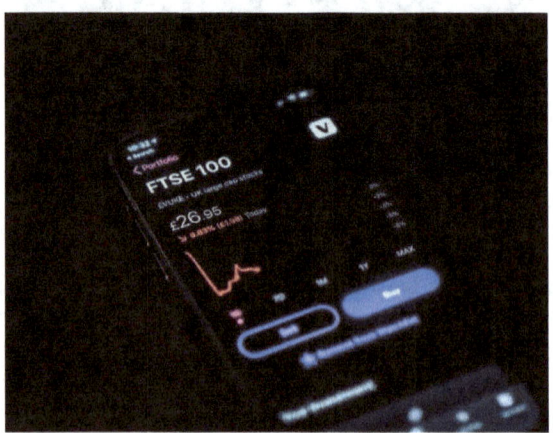

Il est vrai que la Bourse reste complexe, et les **schémas techniques** qui lui sont astreints sont toujours effectifs. Mais la différence se fait dans le choix de gestion boursière que l'on fait. La Bourse 2.0 permet de se libérer des interfaces techniques de la Bourse, afin de se concentrer sur une interface optimisée, abordable, qui desservira de façon utilitaire une épargne active et une psychologie adaptée.

La Bourse 2.0 fait disparaître les enclaves psychiques inhérentes à la place boursière, et mène à une intelligence financière et numérique proportionnée.

€€€

« Si vous ne pariez pas votre train de vie en bourse, rien de mal ne pourra vous arriver. »
(Larry Hite)

€€€

PARTIE II – LES NOUVELLES REGLES

€€€

Chapitre 8 : L'hyper diversification

A la lueur des fondamentaux étudiés, la diversification en Bourse est une condition déterminante quant à la bonne gestion de ses actifs. Or, il a été mis en évidence par la suite le besoin important de liquidités pour se créer une diversification efficace. La Bourse 2.0 nous offre sa première et principale révolution, **l'hyper diversification**.

La Bourse 2.0 et ses outils introduisent une nouvelle notion qui dessert directement la diversification, il s'agit de la **sécabilité** des titres. C'est-à-dire que vous pouvez désormais détenir un morceau de morceau d'entreprise, une partie d'une action.

Or, si une action possède une valeur standardisée, un morceau d'action possède une valeur proportionnelle standardisée. De ce fait, acquérir un pourcentage plus ou moins important d'une action permettra d'en réduire le prix, et cela à la hauteur désirée.

Ainsi, vous comprenez que pour la même somme investie, vous aurez la capacité d'obtenir plus de titres venant de sociétés différentes. Vous augmentez votre **capacité de diversification**.

Mais bien au-delà de ceci, lorsque nous parlons de sécabilité, nous ne parlons pas tellement d'une sécabilité limitée, puisqu'il est possible sur la plupart des plateformes d'investir dans un titre à partir de **1€**. Rendez-vous compte de ce que cela signifie. Reprenons notre exemple précédent, au sein duquel une action vaudrait 550€ au minimum. Pour un investisseur recherchant une bonne diversification avec un indice de 39, nous avions identifié le besoin d'un capital de 21 450€. Pour ce même schéma au sein d'une bourse 2.0, notre investisseur n'aura besoin que de **39€** !

€€

Suivant ce principe de sécabilité, il se crée une nouvelle opportunité autrefois réservée aux plus riches. Il s'agit du principe de **proportionnalité des expositions**.

Souvenez-vous que de multiples expositions permettent d'obtenir une bonne diversification. Mais compte tenu des prix standardisés du marché, obtenir une diversification proportionnée aurait demandé encore plus de ressources. Illustrons rapidement ces propos :

Si vous souhaitez obtenir un indice de diversification de 10, afin d'avoir une action par industrie, il vous faudra trouver et choisir une action pour chaque secteur d'industrie. Imaginons maintenant que vos choix sont faits. Vous dresserez la liste des 10 actions et de leurs prix, afin de connaître le montant du capital à investir. Nous choisirons ici des sommes arbitraires, les prix n'ont pas d'importance :

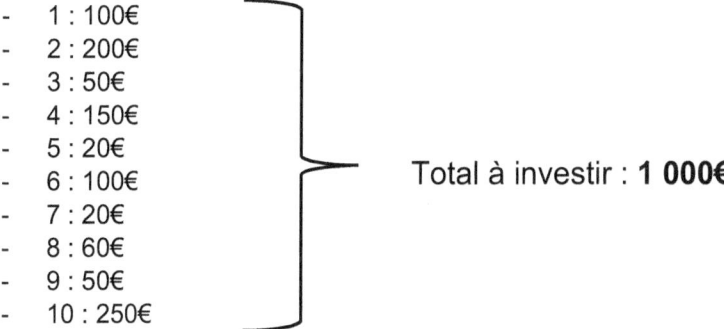

- 1 : 100€
- 2 : 200€
- 3 : 50€
- 4 : 150€
- 5 : 20€
- 6 : 100€
- 7 : 20€
- 8 : 60€
- 9 : 50€
- 10 : 250€

Total à investir : **1 000€**

Votre allocation est maintenant établie, vous dépenserez 1 000€ dans votre portefeuille boursier. Jusque-là tout est normal. Maintenant, nous allons mettre le doigt sur un nouvel aspect. Tous les prix des actions sont différents, car leurs valeurs sont standardisées mais **uniques**. Par conséquent, les montants investis dans chaque action, comme affichés ci-dessus, sont aussi différents. Par exemple, **10%** de votre allocation seront investis dans l'action 1, contre **20%** dans l'action 2. Autrement dit, vous êtes plus exposés à la performance de l'action 2 qu'à celle de l'action 1. Votre portefeuille n'est **pas équilibré**, ce qui peut être une stratégie volontaire. Mais si vous souhaitez exposer un montant égal sur l'action 1 et 2, il vous faudrait acheter une deuxième action 1. Imaginez-vous répéter l'action sur tout le portefeuille, cela coûtera très vite cher.

Rappelez-vous maintenant que la Bourse 2.0 nous permet d'acheter des morceaux d'actions. Ainsi, au lieu d'augmenter votre capital investi pour compenser les différences, vous pouvez tout simplement **répartir** votre capital initial de manière égale sur tous les actifs ! Au lieu d'avoir une quantité d'action toujours égale et des pourcentages d'allocation différents, vous aurez maintenant une somme investie toujours égale et un pourcentage d'action différent.

De ce fait, vous **étalonnez** vos sous allocations sans enclave de prix, et vous créez une proportionnalité de vos expositions.

€€

Pour ce nouveau point, nous partons du constat précédent. Vous pouvez désormais mettre le principe de sécabilité au profit de la diversification. Et si la diversification s'obtient en créant des allocations et des sous allocations, elle augmente avec la **multiplication** de ces dernières. Représentons ceci par une formule mathématique simple :

Soit D votre indice de diversification, S votre nombre de secteurs et A le nombre d'actions détenues dans chaque secteur.

D est un indicateur de risque, plus il est élevé, plus le risque est faible. Ainsi on cherchera à faire augmenter D.

S est la représentation indirecte de votre capital. S est le nombre de secteurs investis, que l'on suppose ayant la même valeur de sous allocation. Soit, S x [capital investi dans un secteur] = valeur de l'allocation boursière = capital total. De plus, on sait que S est forcément égal ou inférieur à 39 (nombre maximal de secteurs).

A représente donc votre **coefficient de diversification**. Cela car : $D = S \times A$, avec S limité à 39.

Augmenter A est le seul moyen de maximiser l'indice de diversification. A, le nombre d'actions contenues dans un secteur, permet de multiplier les expositions au sein de chaque secteur. Plus A augmente, plus l'exposition augmente et plus le risque diminue. A est en réalité la sous allocation de S, c'est une « sous sous allocation ».

La sécabilité des parts permet, avec un même capital, d'augmenter d'une façon non-exhaustive ses expositions, tout en respectant des principes de proportionnalité.

En effet, multiplier le nombre d'actions au sein d'un même secteur permet de s'exposer à de nouveaux facteurs. Votre allocation sera exposée au même secteur, mais vos sous allocations, vos actions, seront exposées à des marchés différents, des devises différentes, des sociétés différentes, ou encore des fiscalités différentes.

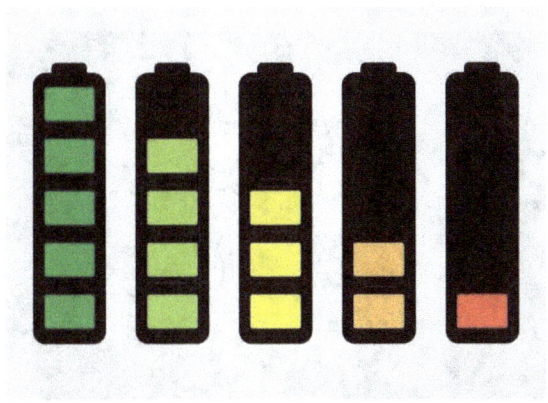

Diviser une seule et même allocation permet de multiplier les expositions inhérentes à son environnement. La Bourse 2.0 nous offre la possibilité d'appliquer plus librement le principe de **multiplicité des expositions**, que l'on peut aussi corréler au principe de **divisibilité d'une allocation**.

€€

Ces différentes notions, mises en exergue par la Bourse 2.0, sont celles qui permettent de tendre à ce que je nomme **l'hyper diversification**. Et si l'hyper diversification ne vous dit rien, c'est bien normal. Les notions abordées dans ce chapitre et citées ci-dessus n'ont rien de conventionnel. C'est là toute la différence avec la Partie I de ce livre.

En effet, je vous parlais de la Bourse 2.0, au sein du chapitre 7, en ces conditions : « *Je ne me suis pas soucié de trouver une sémantique reconnue de ce terme, puisqu'il symbolise justement le caractère très personnel et subjectif que j'associe à ce concept. Ce n'est qu'une fois que cette expression de « Bourse 2.0 » me soit apparue comme un concept intrinsèquement abouti que je me suis attelé à savoir si j'étais seul dans cette conquête de la Bourse 2.0.* ».

C'est donc cela pour moi « la conquête de la Bourse 2.0 ». Il s'agit de s'appuyer sur des concepts connus et éprouvés de la Bourse, afin d'en extrapoler les applications faites dans la Bourse 2.0. Si la Partie I posait des concepts bien connus et bien définis, cette Partie II sera parfois celle d'un **travail empirique** autour de la Bourse 2.0. Nous n'inventons rien, nous partons des bases connues, mais nous redéfinissons les contours d'une Bourse plus démocratique, plus populaire et bien plus **ambitieuse**.

Je vais donc clore ce chapitre par la définition de cette hyper diversification, bien que son essence même vous ait été illustré au sein de ces dernières pages.

L'hyper diversification est une extrapolation du principe de diversification des actifs. Elle permet, par les principes de multiplicité des expositions et de divisibilité d'une allocation, de renforcer le lien de corrélation entre la performance d'un portefeuille boursier et les performances d'un marché global. Elle tend à recréer un environnement économique complet par le nombre et le genre élevés de facteurs qu'elle impose, dans le respect d'un équilibre proportionné, sur une allocation.

€€€

« La diversification est assurance contre l'ignorance. »
(William O'Neil)

€€€

PARTIE II – LES NOUVELLES REGLES

€€€

Chapitre 9 : Simplification

Un point essentiel de cette nouvelle Bourse, et de ses nouvelles règles, réside en la résolution du problème de l'omniprésente technicité dans le milieu boursier. À la suite des extensions de la Bourse 2.0, l'accessibilité aux marchés est renforcée par un phénomène de **simplification**.

La démocratisation de la Bourse qui tend à la rendre plus proche du consommateur de base, permet d'en faire un outil adapté à l'environnement du néophyte. La Bourse 2.0 s'acquitte des codes de consommation numérique contemporains et tend à devenir accessible au plus grand nombre.

Le premier constat de ce phénomène de simplification est en réalité, fort probablement, dans votre poche. La consommation la plus massive de l'être social contemporain se fait sur son **smartphone**. Qu'il s'agisse d'une consommation active ou passive, de biens ou de contenus, votre téléphone vous accompagne dans nombre de vos activités sociales. Il est de même avec la Bourse, son renouveau contemporain fait du smartphone l'outil pratique privilégié d'accès aux places de marché. C'est un outil connu, attenant à l'espace de contrôle privé personnel. Votre smartphone est une part de votre intimité, de votre relationnel, et peut se traduire comme une « extension de notre être » tant il est omniscient. En ce sens, votre téléphone devient le lieu privilégié de découverte, d'accès et de contrôlabilité de la Bourse. L'utilisation du smartphone tant à faire entrer la Bourse dans des **normes de consommation courante**.

€€

Le second point de simplification qui découle de l'utilisation du smartphone et de son environnement connu et optimisé, réside en une **exécution simple**, ou du moins simplifiée. Avec la Bourse 2.0, passer des ordres de marché devient aussi simple que faire ses courses en ligne.

Fini les interfaces de trading respirant l'expertise à outrance et l'effrayante complexité du marché. Place à l'optimisation des interfaces 2.0, fonctionnelles et rassurantes, qui offrent un cadre propice à une appréhension intelligente de la Bourse. L'utilisation transparente et facilitée des plateformes de trading en fait des outils adaptables et adaptés à chaque individu contemporain, désireux d'investir à la hauteur de ses moyens. En effet, la prolifération croissante d'applications mobiles d'investissement boursier, mais surtout d'applications de confiance, permet à chacun d'être libre dans le choix de son courtier 2.0. De ce fait, chacun peut espérer choisir une application aux termes qui lui conviennent, et présentant les compromis recherchés.

L'exécution simplifiée se traduit par une interface compréhensible et optimisée, aussi bien que par les outils modernes disponibles. Par exemple, l'accès aux **ordres différés** donne un accès constant au marché. Un ordre différé permet de réaliser un mouvement de capitaux, un ordre de marché, incluant l'application de **conditions nécessaires**, ou bien en dehors des heures d'ouverture.

En effet, les actifs à leur prix réel ne sont accessibles que durant les périodes d'ouverture du marché duquel ils dépendent. Par exemple, l'immense majorité des actifs ne se négocient pas durant les week-ends. Ainsi, leur cours est **virtuellement** à l'arrêt car les courtiers ne relient plus les investisseurs au marché. Concrètement, pendant le week-end l'actif conserve le prix atteint lors de la **clôture** de la dernière session boursière. Mais, et ceci est un grand « mais », un même actif ne possédera plus son prix de clôture lors de la **réouverture** du cours. Cela est dû au fait qu'un actif continu d'évoluer, constamment, et cela même en dehors des heures d'ouverture du marché.

Un ordre différé vous permet d'investir à n'importe quel moment, même en dehors des heures d'ouverture, mais sera dans ce cas exécuté lors de la session de réouverture, et cela au risque que les prix aient changé. Il ne reste pas moins qu'un outil comme les ordres différés vous permet d'augmenter votre **capacité d'interaction** avec le marché, et donc votre liberté d'investissement.

Une autre utilisation de l'ordre différé consiste à envoyer un ordre d'achat ou de vente **conditionné**, qui ne sera exécuter qu'à ces conditions. Prenons un exemple simple :

Vous avez acheté il y a un an une action de croissance quelconque. Cette action a connu une année exceptionnelle par une annonce commerciale inattendue et fructueuse. Vous avez réalisé une performance de 100%, vous avez donc une plus-value latente valant autant que la somme investie.

Vous souhaitez attendre de voir si l'actif va inscrire une meilleure performance avant de récupérer vos gains, mais vous craignez qu'il rechute, et donc de louper une opportunité de faire du **profit**. Vous pouvez alors définir un profit minimum à **70%** de la performance. Vous pouvez envoyer l'ordre de récupérer vos gains, et donc de **vendre vos titres**, si et seulement si le cours rechute de **30%**.

En faisant cela, vous vous laissez l'opportunité de voir si le cours continu de monter, mais vous êtes assurés d'obtenir au minimum une **plus-value réelle** de 70% en cas de décroissance de l'actif. Il s'agit d'un ordre différé appelé « **take profit** ». A l'inverse, si vous définissez une perte maximum sur votre capital, vous enverrez un ordre différé dit de « **stop loss** ».

Il est à savoir que ces instruments ne seront pas, ou très peu, utiles en cas de stratégie d'épargne, car investir à long terme demande d'accepter les périodes de récession et d'euphorie. Ne rien faire est une stratégie.

€€

Le dernier point évident offert par la simplification, et l'un des plus importants dans notre optique d'épargne, concerne les frais. Plus précisément, cela concerne la réduction ou **l'annulation des frais**.

Souvenez-vous, les frais boursiers français moyens sont de 1% environ. Vous me direz, 1% ce n'est rien dans un tel investissement. He bien pour vous démontrer le contraire, je vous renvoie à la seconde page du chapitre 5 sur les intérêts composés. Dans cette partie nous avons démontré le profit potentiel que rapporte une épargne long terme en Bourse. Et, j'ajoutais en fin de démonstration :

« *L'investissement réalisé par le dépôt de vos mensualités s'élève donc à 25% de la somme, soit 139 104,00€.* »

C'est-à-dire, que pour la même stratégie d'investissement, si votre courtier vous taxe de 1%, vous aurez au total cédé **1 391,04€**. Ces 1 391,04€ sont les frais prélevés sur vos investissements de 276€ par mois. Soit **2,76€** tous les mois de frais qui ne seront pas fructifiés au sein des intérêts composés. Donc le coût réel n'est pas ce que vous payez, mais plutôt ce que vous n'investissez plus.

Au total, vous perdez un apport de 2,76€ par mois sur 504 mois (42 ans), pour un taux annuel de **5,8%**. Maintenant voici le bilan :

Vous aurez payé 1 391,04€ qui auraient rapporté 4 306,23€ de bénéfices en plus ! C'est cela votre réelle perte.

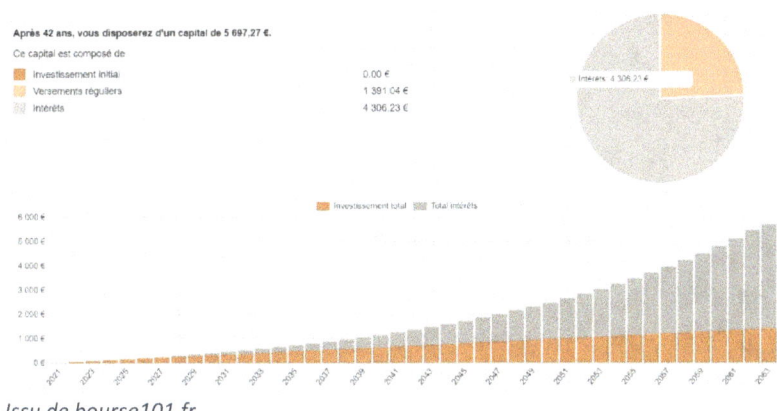

Issu de bourse101.fr

La Bourse 2.0 vous offre l'opportunité, via le choix de nombreuses plateformes de courtage 2.0, de limiter au maximum vos frais et dans la plupart des cas de les supprimer. A titre personnel, mon courtier mobile ne taxe pas mes opérations sur le marché. Il ne taxe pas les changements de devise. Il ne taxe pas les dépôts de liquidités par carte bancaire, dans la limite de 2 000€. Il ne taxe pas les dépôts de liquidités par virement bancaire et cela sans limite. Je n'ai donc **aucuns frais** liés à mon activité en Bourse.

€€€

«Combien connaissez-vous de millionnaires qui sont devenus riches en investissant dans des comptes d'épargne ?»
(Robert G. Allen)

€€€

PARTIE II – LES NOUVELLES REGLES

€€€

Chapitre 10 : Formation, information et mise en situation

L'intérêt de la Bourse 2.0 ne se limite pas seulement à l'interface nouvelle qu'elle peut représenter. Il se trouve aussi et surtout dans l'aspect psychologique qu'elle engendre, et dans un **écosystème numérique,** nourrissant une nouvelle intelligence financière.

La Bourse 2.0 permet alors l'émergence de nouvelles optiques pour l'investissement grand public, et de ce fait elle permet l'émergence de communautés numériques de **formation** et **d'information** autour de la Bourse.

Notre premier point dans ce chapitre concerne la formation en Bourse. Si les stratégies agressives et d'opérations récurrentes demandent d'extrêmes mesures de précautions, et des connaissances techniques du marché et des actifs, les stratégies d'épargne se rendent accessibles avec les bons **fondamentaux**. Cela j'imagine que vous commencez à le comprendre.

Ce que nous offre cet écosystème de la Bourse 2.0 dont je parlais, ce sont aussi les bons fondamentaux stratégiques ayant attraits à des investissements au risque limité. Ces fondamentaux vous pourrez vous les procurer par une **volonté** et une démarche d'investisseur, c'est-à-dire, tout comme votre portefeuille, en vous rendant actif et non passif dans vos finances. Et de cette volonté découlera l'envie, mais surtout la nécessité, de se former, de **s'auto-former**. Se former en fonction de ses attentes, de ses compétences et de sa stratégie est en effet une nécessité.

Voici d'ailleurs quelques **règles universelles** :

- Vous ne devez jamais investir sans comprendre votre propre investissement.
- Vous ne devez jamais suivre la stratégie de quelqu'un d'autre.
- Vous ne devez jamais investir un marché que vous ne connaissez pas.
- Vous ne devez jamais utiliser un outil financier que vous ne comprenez pas.
- Vous ne devez jamais prendre un risque que vous ne pouvez pas évaluer.

Alors comment espérer se former aux fondamentaux d'une épargne en Bourse ?

€€

Cette dernière question nous amène à notre second point. Souvenez-vous de ce que j'ai pu vous dire lors du premier chapitre :

« Nous l'oublions peut-être souvent, mais l'accès rapide et illimité à l'information est d'une cruciale importance. »

Le voilà notre second point et la réponse à notre question. Il s'agit de **l'information**.

L'information est aujourd'hui accessible, abondante et **gratuite**. Être bien informer nous paraît être une norme, en témoignent les nombreuses problématiques liées aux **fake news**. Il est de même primordial d'être bien informé sur la Bourse avant de s'y aventurer. Bien que la connaissance s'acquière aussi avec l'expérience, et que vos doutes ne s'atténueront jamais autant que devant les résultats concrets, les fondamentaux prérequis, pour beaucoup présents dans ce livre, se doivent d'être intégrés. La théorie n'est pas à négliger. Et tout comme la diversification de votre portfolio vous assure la sécurité, la diversité des sources d'information vous assurera une meilleure formation. Encore une fois, si j'ai la prétention que ce livre vous offre une solide introduction à la Bourse, je vous conjure d'être curieux et de vous informer de multiples façons et auprès d'acteurs aux légitimités différentes.

Ce que vous devez retenir, c'est que l'information est abondante aussi concernant la Bourse, et qu'elle est un **pilier** du concept de la Bourse 2.0. Appuyez-vous sur les concepts les plus basiques, informez-vous, formez-vous, **spécialisez-vous** et devenez le seul maître de vos stratégies. Je reviendrai à la fin de ce chapitre sur des exemples concrets d'accès à l'information.

Au-delà de la formation professionnelle, l'essor contemporain des métiers indépendants connectés nous montre bien le potentiel formateur des contenus numériques à notre disposition. Au-delà de la formation, c'est une capacité d'auto-formation qui s'offre à nous, en nous libérant des contraintes physiques et financières liées à l'accès à la formation.

Mais, pour que cela soit efficace, il est nécessaire de nuancer ces propos. Une auto-formation, bien que pouvant être très efficace, ne garantit pas un résultat certain. Le bon résultat d'une auto-formation dépendra de votre capacité à **traiter l'information**, ainsi que de votre capacité à vous prendre en main. En cas de doute, il existe toujours une multitude de formules différentes permettant un accès à des formations **professionnelles**, à défaut d'être professionnalisantes.

€€

Enfin, le dernier point de ce chapitre porte sur l'expérimentation via l'entrainement, sur la **mise en situation**. Dans ce cadre, il y a différents niveaux de mise en pratique des compétences d'investissement.

1- Le compte démo :

Les applications dernier cri que propose la Bourse 2.0 permettent, pour certaines d'entre elles, d'opérer sur un « **compte démo** ». Ce compte est une reproduction identique de l'environnement d'investissement de la plateforme, seulement l'argent utilisé est **fictif**. Cela permet de vous entrainer en tant que débutant, ou de tester une nouvelle stratégie.

Ces comptes démo doivent tout de même être correctement utilisés pour être efficaces. En effet, entrainez-vous pour votre stratégie. Un boxeur qui s'entraine avant une compétition ne la prépare pas en jouant au foot. Vous devez donc tenter de reproduire au maximum **l'environnement réel d'investissement**. Cela commence par le fait d'utiliser la même somme d'argent que celle que vous prévoyez d'investir. Vous vous rendrez compte de ce à quoi vos allocations pourraient ressembler, et surtout cette somme sera celle liée à vos émotions.

Si vous détenez un capital de quelques milliers ou dizaine de milliers d'euros, avoir un compte démo de 1 million d'euros ne sert à rien. Les sommes investies ne représenteront pas votre réalité et seront décorréler de la valeur que possède l'argent à vos yeux.

2- L'investissement échantillon :

La seconde étape consiste en un « **investissement échantillon** ». C'est assez simple, il vous suffit de diviser la somme que vous comptez allouer à la Bourse, afin de minimiser votre appréhension et vos émotions. Si vous prévoyez d'investir 10 000€ en Bourse avec un apport mensuel de 500€, vous pouvez commencer par un échantillon de 1 pour 10 lors des premiers mois. Ainsi, vous divisez votre **capital émotionnel** par 10. Concrètement, vous investirez 1 000€, et 50€ par mois pendant plusieurs mois avant de vous sentir confiant et prêt à confirmer votre allocation.

3- L'investissement :

Voici évidemment l'étape suivante, **l'investissement** de votre allocation totale. Il s'agira peut-être du moment le plus difficile. Les cours seront peut-être plus sévères que lors de votre investissement échantillon. Ou peut-être que votre comportement va changer et que vous serez en proie à une envie constante de surveiller vos capitaux, et risquez de passer de longs moments à suivre les cours de vos actifs. Vous céderez peut-être temporairement au doute.

Dans tous les cas, se tenir à sa stratégie et se donner la chance de se séparer de ses émotions les plus irrationnelles sera sûrement dur, mais nécessaire. Cela se fera plus naturellement si les sommes investies sont consciencieusement choisies. Des peurs ou des comportements liés au **stress** qui ne passent pas peuvent être signe d'un capital émotionnel investi trop important.

« Vos placements ne doivent pas vous empêcher de dormir, ils doivent vous permettre de vous coucher et de vous lever sereins ».

4- L'expérience :

Ça y est, votre capital est investi, votre stratégie est en place et votre aventure boursière commence. Quoi de mieux qu'un peu de **temps** pour finir d'éprouver une stratégie long terme et une légère appréhension de l'inconnu. Donnez-vous le temps et la chance de voir votre stratégie porter ses fruits, et donnez-vous la chance d'acquérir l'objectivité de **l'expérience** des marchés.

Le jour viendra où la Bourse sera pour vous un environnement des plus rassurants. Ce même jour, exécuter un ordre de marché sera une formalité, autant que vos stratégies seront éprouvées et adaptées. Ce jour vous aurez votre expérience de la Bourse, votre expérience personnelle de la Bourse 2.0 et de ses capacités.

Vous aurez certainement atteint le niveau de compréhension et de **confiance** adéquat à une capacité d'investissement en Bourse à toute épreuve.

5- La transmission :

Vous voilà avec votre expérience de la Bourse. Non pas l'expérience commune des marchés financiers, mais bien votre propre expérience du marché et de vos choix financiers. L'aventure peut ne pas aller plus loin, elle sera déjà extrêmement riche. Mais il est aussi possible qu'une envie vous prenne de capitaliser sur votre expérience de la Bourse.

Dans ce cas, il se pourrait bien que votre **transmission** des leçons reçues du marché vienne abonder l'information boursière, et accompagner une nouvelle génération de curieux des finances, de néophytes d'une Bourse, qui sait, 3.0.

Section d'aide à l'information, la formation et la mise en pratique :

Personnes et lieux pour la formation et l'information[1] :

 o   Chaine YouTube de **Théophile Eliet**

 o   Chaine YouTube de **Sébastien Koubar**

 o   Chaine YouTube de **Alexandre Leclair**

 o   Chaine YouTube de **Brigade du Fric**

 o   Chaine YouTube de **Rousseaux Les Bons Tuyaux**

 o   Chaine YouTube de **Libre & Riche**

 o   Chaine YouTube de **TRADING Christophe** (introduction au technique)

 o   Blog **En Bourse**

 o   Blog **Bourseensemble**

 o Blog **L'Investisseur Français**

 o Blog **L'Investisseur (très) particulier**

 o Blog **Tradebourse.fr**

 o Site **Bloomberg.com**

(1) *Cette liste est une proposition subjective d'exemples issus d'une expérience personnelle. Je vous invite fortement à créer vous-même vos réseaux d'information via des recherches approfondies.*

Plateformes de mise en situation[1] :

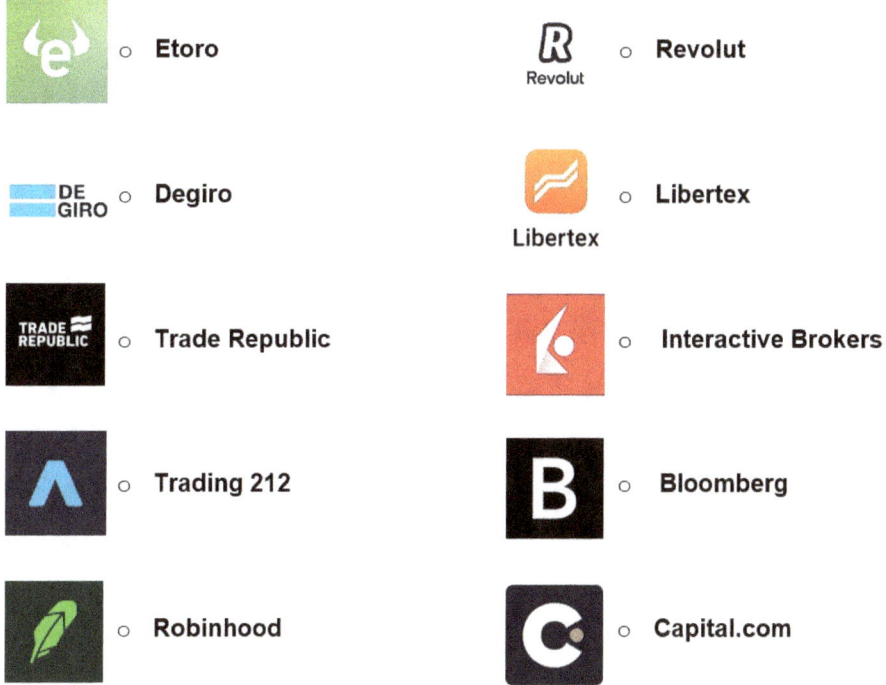

Ces différentes plateformes ne représentent pas une liste exhaustive des offres à votre disposition.

De plus, ces plateformes présentent toutes des modalités et conditions d'utilisation différentes, notamment dans leurs gestions des frais, leurs offres de performance, leur technicité, leur régulation et leur niveau de professionnalisme.

---

[1] *Cette liste est une proposition subjective d'exemples issus d'une expérience personnelle. Je vous invite fortement à vous renseigner vous-mêmes sur les offres de plateformes et leurs termes et conditions d'utilisation.*

€€€

« Les jeunes, de nos jours, ne sont plus équipés pour un monde qui, pour l'essentiel, est d'une complexité technique bien supérieure á la formation que leur assure l'école. Personne ne reçoit plus les armes nécessaires pour s'en sortir, s'élever et trouver une structure qui permet de s'insérer dans un monde chaque jour plus cataclysmique. »
(David Bowie)

€€€

PARTIE II – LES NOUVELLES REGLES

€€€

Chapitre 11 : Les nouveaux risques

Si la Bourse 2.0 permet d'approfondir et d'élargir des concepts connus, elle ne manque pas d'amener avec ses innovations des lots de **problématiques** parallèles. Ainsi naît ce que nous pouvons nommer les **nouveaux risques**.

En effet, ces risques sont à avoir en tête avant de faire l'éloge de la Bourse 2.0, car aucun système n'est infaillible.

Le premier de ces nouveaux risques est lié à **l'indépendance** que vous offre la Bourse 2.0. S'il s'agit d'un avantage des plus recherchés, cela signifie aussi que vous serez plus facilement livré à vous-même.

De même, cette indépendance peut vous mener à des difficultés, selon les plateformes, à trouver un **interlocuteur** direct. L'esprit de la Bourse 2.0 est dans la freelance, il faut aussi savoir que l'accompagnement se paie parfois. Alors si lire les CGU et les CGV ne vous effraie pas, vous pourrez peut-être opter pour la plus grande indépendance.

Néanmoins, un tchat et un support par mail sont généralement de mise. Pour ma part, malgré l'absence de frais, aucun problème à déclarer de ce côté. Mais le compromis se fait avec la langue anglaise, qui reste d'usage dans la documentation officielle et en cas de litige sur ma plateforme.

Le **manque de liquidités** au sein de plateformes récentes peut aussi engendrer des disfonctionnements en cas de crise financière, et des retards dans les exécutions d'ordres de marché. Les plateformes plus techniques s'adressant à un milieu professionnel possèdent souvent de plus fortes capitalisations, du fait de leur utilisation par des institutionnels.

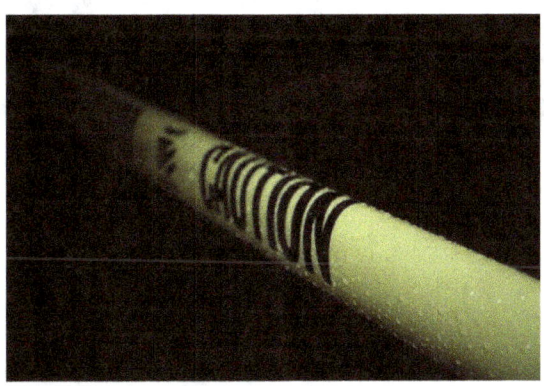

Les problèmes énoncés ci-dessus ne sont finalement que des risques pratique, mais n'entame pas réellement le niveau de sécurisation de vos investissements. D'autres risques semblent plus dérangeants :

Le **manque de régulation** ou de bonne régulation peut être très problématique. N'investissez jamais au sein d'une plateforme non-régulée. La référence de régulation française est l'**AMF**. Vous pouvez aussi trouver beaucoup de plateformes sous licence de la **FCA**[(1)]. Une absence de bonne régulation peut au mieux entrainer des **litiges** et actions commerciales hors cadre légal, et au pire entrainer **la perte totale** de vos capitaux, avec l'impossibilité d'entamer des poursuites judiciaires efficaces.

De même, il existe des « scams », des **arnaques** dont le seul but est de vous séduire avec des offres exceptionnelles, afin d'engendrer un dépôt de liquidités qui vous seront substituées. Vérifiez toujours au minimum **la liste noire de l'AMF**.

Enfin, certaines plateformes nouvelles et régulées, mais peu éprouvées, peuvent présenter des failles de sécurité importantes. Un courtier 2.0 avec plusieurs années d'expérience concluante à son actif permet de réduire le risque de **piratage**.

De même, il est mieux de vérifier les possibilités de récupération d'identifiants et de mot de passe. Il serait malheureux de perdre ses capitaux à la suite de la perte d'un code secret ou d'un identifiant-référence d'authentification à deux facteurs.

[(1)]*FCA* : Financial Conduct Authority : *Organisme de tutelle, du Royaume Uni, de 59 000 sociétés de services financiers et de marchés financiers.*

€€€

« Décider quel risque accepter, quel marché opérer, quel niveau d'agressivité avoir sont plus importants que le bon timing. »
(Ed Seykota)

€€€

PARTIE II – LES NOUVELLES REGLES

€€€

Chapitre 12 : Revue des intérêts composés

Comme j'ai pu vous le dire, je considère que les **intérêts composés** constituent les **fondations** de notre stratégie d'épargne en Bourse 2.0. Je vous propose donc de revenir au centre du sujet pour ce dernier chapitre, en vous offrant le secret d'une optimisation maximale de la stratégie des intérêts composés.

N'hésitez pas, si besoin est, à relire la démonstration du chapitre 5, pour vous remémorer notre exemple de stratégie. Nous allons repartir de la même base.

Le taux de notre placement est de **5,8%** annuel en moyenne. Ce qui est, nous l'avons vu, l'une des meilleures performances de placement, devant l'immobilier et la banque par exemple.

Et si je vous disais que ce rendement est en réalité plutôt **médiocre** ? Que ce rendement vient d'un postulat médiocre de même, et que cette moyenne est peut-être bien obtenue par la contre-performance de la majorité des investisseurs boursiers ?

Venez avec moi, je vous emmène dans la révélation d'une optimisation stratégique que j'aime à appeler le « **concept de double croissance combinée** ».

Rappelez-vous maintenant que le rendement d'un actif est connu et en partie prévisible, en partie seulement. Le rendement est annoncé, c'est pourquoi il est connu au moment T, mais dépend du cours de l'actif, car il correspond à un taux, et peut être modifié ou supprimé par l'entreprise.

Nous pouvons en conclure qu'un rendement **n'est pas immobile**, il est changeant.

Si un rendement est changeant, c'est qu'il possède une capacité d'évolution à la baisse, tout comme à la hausse. Certains d'entre vous peut-être ont-ils commencé à comprendre la direction de mes propos. Un rendement peut évoluer à la hausse.

Revenons-en à notre exemple du chapitre 5. Notre taux étant une moyenne, nous sommes partis du postulat qu'il était fixe pour les 42 ans d'épargne. Mais ce taux est la moyenne obtenue par les investisseurs, et cela à n'importe quelle temporalité de leur investissement.

Autrement dit, n'importe quel investisseur débutant peut prétendre à un taux de 5,8% dès sa première année. Mes rendements personnels étaient de 5% dès ma première année, et n'étaient pourtant que peu optimisés. Alors imaginez-vous commencer avec un taux proche de la moyenne, et qui peut potentiellement encore augmenter. Cela est tout de même interpellant.

Vous me direz : « Certes le taux peut changer, mais qui garantit qu'il ne va pas plutôt baisser ? »

He bien le taux de rendement peut, comme le prix des actifs, être plus ou moins volatile selon les actions. Certaines entreprises ont à cœur dans leur projet de faire toujours augmenter le rendement de leurs dividendes, pour espérer devenir plus attractives.

Vous me direz encore : « Certes, mais il doit s'agir de l'exception qui confirme la règle. »

Et moi, je vous présente les **Dividend Kings** ! Imaginez une action, ayant assez de capitalisation pour faire partie d'une des 500 plus grandes entreprises américaines, et dont le dividende augmente tous les ans, sans exception, depuis au moins **50 ans**. Vous voici devant la définition d'une action appartenant aux Dividend Kings.

Vous me direz enfin : « Certes, mais s'il existe une telle action, alors elle doit être bien seule. »

32. C'est le nombre que je vous annoncerai, comme les 32 entreprises qui en font partie en 2021. Alors, vous la ramenez toujours ?

Et afin d'ôter vos derniers doutes, nous allons maintenant passer dans une partie un peu plus mise en pratique, si vous le voulez bien. Nous reprenons notre démonstration, en y incluant cette fois une stratégie basée sur le **taux de croissance** des dividendes.

Par souci de réalisme, nous partirons des statistiques étudiées pour la liste des **32 Dividend Kings de 2021**, réparties au sein de **9 secteurs**. Sur cette liste, le rendement moyen du portefeuille est de **2,26%**. Ce qui est bien inférieur à la moyenne de 5,8%...

Le taux de croissance estimé du rendement moyen est de **5,52%** par an.

Soit, un investissement de 276€ par mois, durant 42 ans, à un rendement moyen initial de 2,26%, en augmentation régulière de 5,52% par an.

<u>Calculons l'évolution du taux du rendement moyen par année :</u>

ANNEE	TAUX INITIAL ANNUEL (%)	CROISSANCE (%)	NOUVEAU RENDEMENT (%)
1	2.26	5.52	2.38
2	2.38	5.52	2.51
3	2.51	5.52	2.65
4	2.65	5.52	2.80
5	2.8	5.52	2.95
6	2.95	5.52	3.11
7	3.11	5.52	3.28
8	3.28	5.52	3.46
9	3.46	5.52	3.65
10	3.65	5.52	3.85
11	3.85	5.52	4.06
12	4.06	5.52	4.28
13	4.28	5.52	4.52
14	4.52	5.52	4.77
15	4.77	5.52	5.03

16	5.03	5.52	5.31
17	5.31	5.52	5.60
18	5.60	5.52	5.91
19	5.91	5.52	6.24
20	6.24	5.52	6.58
21	6.58	5.52	6.94
22	6.94	5.52	7.32
23	7.32	5.52	7.72
24	7.72	5.52	8.15
25	8.15	5.52	8.60
26	8.6	5.52	9.07
27	9.07	5.52	9.57
28	9.57	5.52	10.1
29	10.1	5.52	10.66
30	10.66	5.52	11.25
31	11.25	5.52	11.87
32	11.87	5.52	12.53
33	12.53	5.52	13.22
34	13.22	5.52	13.95
35	13.95	5.52	14.72
36	14.72	5.52	15.53
37	15.53	5.52	16.39
38	16.39	5.52	17.29
39	17.29	5.52	18.24
40	18.24	5.52	19.25
41	19.25	5.52	20.31
42	**20.31**	**5.52**	21.43

Reportons maintenant nos intérêts composés sur ces nouveaux rendements :

ANNEE	APPORT ANNUEL (€)	RENDEMENT (%)	GAIN (€)	VALEUR DU PORTFOLIO (€)
1	3 312 (276x12)	2.26	**86**	3 398
2	3 312	2.38	**159**	6 669
3	3 312	2.51	**255**	10 436
4	3 312	2.65	**364**	14 112

5	3 312	2.8	**488**	17 912
6	3 312	2.95	**626**	21 850
7	3 312	3.11	**783**	25 945
8	3 312	3.28	**960**	30 217
9	3 312	3.46	**1 160**	34 689
10	3 312	3.65	**1 387**	39 388
11	3 312	3.85	**1 644**	43 344
12	3 312	4.06	**1 935**	49 591
13	3 312	4.28	**2 264**	55 167
14	3 312	4.52	**2 643**	61 122
15	3 312	4.77	**3 074**	67 508
16	3 312	5.03	**3 562**	74 382
17	3 312	5.31	**4 126**	81 820
18	3 312	5.60	**4 767**	89 899
19	3 312	5.91	**5 509**	98 720
20	3 312	6.24	**6 367**	108 399
21	3 312	6.58	**7 351**	119 062
22	3 312	6.94	**8 493**	130 867
23	3 312	7.32	**9 822**	144 001
24	3 312	7.72	**11 373**	158 686
25	3 312	8.15	**13 203**	175 201
26	3 312	8.6	**15 352**	193 865
27	3 312	9.07	**17 884**	215 061
28	3 312	9.57	**20 898**	239 271
29	3 312	10.1	**24 501**	267 084
30	3 312	10.66	**28 824**	299 220
31	3 312	11.25	**34 035**	336 567
32	3 312	11.87	**40 344**	380 223
33	3 312	12.53	**48 057**	431 592
34	3 312	13.22	**57 494**	492 298
35	3 312	13.95	**69 152**	564 862
36	3 312	14.72	**83 635**	651 809
37	3 312	15.53	**101 740**	756 861
38	3 312	16.39	**124 592**	884 765
39	3 312	17.29	**153 549**	1 041 626
40	3 312	18.24	**190 597**	1 235 535
41	3 312	19.25	**238 478**	1 477 325
42	**3 312**	**20.31**	**300 717**	1 781 354

1 781 354€. Y a-t-il réellement besoin d'une explication supplémentaire ?

Avec le même investissement de **139 104€**, à un rendement initial moyen par plus de deux fois moins important, nous obtenons un portefeuille avec une valeur **3 fois supérieure**. La stratégie long terme nécessite de privilégier une augmentation maximale des taux de croissance des dividendes, afin d'obtenir un **effet de levier** maximisé par le concept de double croissance combinée.

Néanmoins, plusieurs facteurs sont à prendre en compte :

- Tout comme pour le rendement moyen annuel de l'exemple du chapitre 5, le taux de croissance du rendement annuel est ici une **estimation** et ne sera jamais fixe. Le rendement peut sur 42 ans continuellement augmenter, comme le montre l'existence des Dividend Kings, mais son taux de croissance a peu de chance d'être fixe[1].
- De plus, le rendement annuel complet est ici appliqué à l'apport de 3 312€. Cet apport étant normalement **pondéré** sur l'année, il ne bénéficie en réalité pas d'un rendement complet, mais d'un rendement **lissé**.
- Enfin, tout comme au chapitre 5, cet exemple ne prend pas en compte le retrait annuel de 30% des gains après application de la **flat taxe**.

---

[1] Ici, le taux de 5,52% est la croissance moyenne des rendements des Dividend Kings lors de ces 5 dernières années.

En tous les cas, ce qui reste à noter est que ces deux exemples ont été réalisés dans les **mêmes conditions**, et que seule la stratégie diffère. On en conclut tout de même, que la stratégie de double croissance combinée possède un bien meilleur potentiel de gains au long terme.

Cette stratégie est pour moi le meilleur moyen d'exploiter la Bourse, grâce aux outils de la Bourse 2.0, en optimisant toujours son épargne et la réduction du risque.

€€€

« En bourse, tu as deux choix :
t'enrichir lentement ou t'appauvrir rapidement. »
(Benjamin Graham)
Reconnu mondialement comme l'investisseur le plus doué de la planète.

€€€

Chapitre de clôture :
€€€

Il est sans doute très vrai, que dans une économie capitaliste comme la nôtre, le privilège financier d'autrui, et par-dessous tous des plus riches, entraîne l'inégalité des chances face à l'émancipation et la liberté financière.

La Bourse, instrument institutionnel au service du pouvoir des plus grands, instrument d'une opacité effrayante et peu compréhensible, est certainement l'un des symboles les plus probants de notre économie mondiale de marché, et du pouvoir de ses classes dirigeantes. Cette institution, où peuvent naître l'avarice et l'injustice, ne semble pas donner la clef de ses portes à la masse la plus grande, mais plutôt à l'élite la plus petite.

Cependant, l'évolution massive de nos technologies, autant que de nos schémas sociaux, connue au cours de ces dernières décennies, ne laisse pas figé dans le marbre, le géant au cœur de pierre qu'est le Marché. Si la main invisible de notre économie est toujours à l'œuvre, peut-être pouvons-nous aujourd'hui un peu plus facilement lui tendre la nôtre.

Au cœur de révolutions numériques, sociales, économiques et démocratiques, la Bourse se prête au jeu de la modernisation. Par l'accès à de nouveaux réseaux d'informations, et l'utilisation des normes numériques sociales actuelles, la Bourse nous ouvre les voies d'une Bourse 2.0, dont il n'incombe qu'à nous de s'en emparer.

L'intelligence financière qui incombe à la technique boursière n'est plus si loin de nos capacités personnelles. Si elle dépendra toujours de la volonté et des aptitudes de chacun, elle s'offre au moins à nous par l'arrivée massive d'une démocratisation de l'investissement boursier.

L'accès aux fondamentaux les plus simples nous permet d'espérer une meilleure ouverture de la Bourse aux travailleurs, qui en alimentent les circuits.
La compréhension simplifiée de ses outils, et l'optimisation des lieux de mise en pratique, tendent à en faire un outil compatible à une stratégie d'épargne long terme, aux résultats inégalés.

La Bourse 2.0 est une opportunité d'explorer de nouvelles normes d'investissement. Elle est l'occasion de prendre part au marché à un nouveau niveau. De ne plus seulement prendre part aux performances de marché par nos seules consommations, mais aussi en devenant un investisseur aguerri et l'acteur principal de ses finances personnelles.

La Bourse 2.0 nous offre l'une des plus belles opportunités de mettre notre curiosité au service de notre indépendance financière, de notre liberté individuelle.

€€€

€€€

« La Bourse est d'une tendancieuse gouverne, elle concède un support aux satrapes et édicte une résistance aux bélîtres.
La Bourse 2.0 est d'une convenance accrue, elle entretient le support des abondants et pourvoie la résistance des impécunieux. »
(Maxime Michaud)

€€€

FIN.

Avertissement après la lecture

A l'attention de chaque lecteur et de chaque lectrice :

A vous qui me lisez, je tiens en premier lieu à vous informer des relations particulières qui nous relient à travers cet écrit, et cela à cause du sujet de ce modeste livre : l'investissement et les finances.

En effet, je ne suis pas, et en aucun cas, un conseiller financier, un expert des marchés ou la représentation d'un encouragement déraisonné à l'investissement quel qu'il soit [1]. Vous le savez sans nul doute, mais l'investissement de vos capitaux, qu'ils soient en banque ou en Bourse, présente des risques. Et s'il est vrai qu'une épargne bancaire, des plus commune, ne saurait vous assurer à 100% une bonne protection de vos capitaux, il est aussi vrai que le risque associé aux actifs boursiers n'est certainement pas le même. Il est plus visible, plus sensible et plus virulent encore.

Ainsi, j'espère par ces écrits vous offrir l'opportunité d'une introduction à ce domaine parfois si prisé par la défiance et la méfiance, une introduction sans prétention aux attraits les plus marqués du marché des actifs financiers. Puissent ces écrits interroger votre curiosité et ouvrir en vous les voies d'une nouvelle conscience financière, ou simplement d'un regard nouveau sur les rouages mystiques de la Bourse.

En opposition, ce que je n'espère pas et ne souhaite pas, c'est de déclencher en vous la pensée naïve de croire que la Bourse est un outil du plus abordable, ne nécessitant pas toute la capacité de travail et de discernement nécessaire à un bon investissement. Vous l'avez vu dans ce livre, si la « Bourse 2.0 » semble des plus accessibles, la technique boursière n'en est pas pour autant acquise.

Il ne me reste donc qu'à vous souhaiter de ne pas prendre ces écrits pour une vérité absolue, et de toujours faire preuve de patience, de discernement et de responsabilité face à vos investissements. Sur ces conseils amicaux, je vous laisse à une continuation qui, je l'espère, vous sera des plus agréables.

Maxime.

---

[1] Cela indique que je ne serai, en aucun cas, tenu pour responsable de la perte de tout ou partie de vos actifs financiers. Pour plus d'informations : www.amf-france.org

Dédié au Manoir des Bolides.
Dédié á ces matinées passées, á vos côtés, devant une télé trop souvent branchée sur les marchés.

Amazon KDP

Dépôt légal : Octobre 2021
Tous droits réservés à l'auteur et son éditeur.

www.ingramcontent.com/pod-product-compliance
Lightning Source LLC
Chambersburg PA
CBHW052333220526
45472CB00001B/398